大展好書　好書大展
品嘗好書　冠群可期

大展好書　好書大展
品嘗好書　冠群可期

中國武藝圖籍考

唐豪文叢 1

唐豪 著

大展出版社有限公司

前言

本工作室收集到一份一九五九年一月二十六日出版的《體育報》（今《中國體育報》），上面刊登了唐豪先生逝世的消息，全文如下：

本報訊　國家體委運動技術委員會委員唐豪同志，在一九五九年一月二十日因患支氣管炎哮喘呼吸衰竭不幸逝世。享年六十三歲。

一月二十三日上午十時，國家體委在嘉興寺舉行了公祭。會上由國家體委副主任黃中同志代表機關全體同志獻花圈，運動技術委員會副主任王任山同志介紹了唐豪同志的生前事蹟。參加公祭的有唐豪同志的生前親友和國家體委機關的一百多人。公祭後已移靈八寶山安葬。

唐豪同志曾多年從事司法及教育工作。一九一九年參加上海救國十人團積極宣傳抗日；一九二七年受國民黨迫害逃往日本留學，回國後仍積極參加愛國活動。一九三二年在上海法政大學，在黨的領導下從事學生運動；五卅慘案大遊行被推選爲法律委員會副委員長。並曾爲「七君子」史良等同志在法庭進行法律辯護，與國民黨反共法律作了多年政治鬥爭。解放後歷任上海市公安局法律顧問，華東檢察署調研室主任，華東行政委員會政法委員會委員，和中華人民共和國體育運動委員會委員等職，並於一九五四年當選爲上海市人民代表。

從這份報導對唐豪先生四十年人生經歷的追述上，人們看不出這位「國家體委運動委員會委員」同「體育運動技術」（更不要說「武術」了）之間，存在哪怕一絲一毫的聯繫，這眞是令人費解！一代學人傾心從事的學術和他學術生涯的華彩樂章，竟被上述三九三字由權威部門發

布的報導蓋棺論定，抹殺殆盡。聯想到一九四九年之後，唐豪先生早年著作大都未曾再版（吴文翰先生語）這個不爭的事實，人們有理由認為，這不僅是一個學者個人的悲哀，更是一個學科整體的悲哀。

然而，唐豪先生其人其事，是不可能被如此抹殺掉的。在這個問題上，中國武術學會委員、暨南大學教授馬明達先生有著客觀且精到的評論，馬教授說：

「我們一直爲當代武術界出現過唐豪（字范生，號棣華）先生這樣的武術家而感到慶幸，感到榮耀。他是傑出的律師，是學養宏深的文史專家，是一位富有正義感的社會活動家；同時，又是武術家，是武術史和民族體育史學科的奠基人。唐豪先生是迄今唯一一位對武術文獻和民族體育文獻做過系統料理的學者。早在半個世紀以前，唐豪先生發表的《中國武藝圖籍考》及其《補篇》，還有新中國成立後發表的《中國民

族體育圖籍考》和許多論文專著，是二十世紀武術史和民族體育的畫時代的著作，也是武術目錄學和文獻學的創軔奠基之作。由於多方面的原因，他的著作也不免有這樣那樣的疏失，這其實很正常，我們既不必爲賢者諱，也不必橫加指議，重要的是深入認識他的開拓精神和學術成就，學習他實事求是的治學態度和卓越的武術識見，把他所汲汲開創的武術學業繼承下來，並不斷加以恢宏發揚。對武術和民族體育史來說，這是科研工作的基礎，也具有重要的現實指導意義。」

「遺憾的是，唐先生所開創的武術文獻學和目錄學，在唐先生以後竟成了一門『絕學』，不但後無來者，而且連他的著作也差不多成了無人問津的塵封之物，更不要說整理出版了。這是一個耐人深思的現象。深入地探索這一現象的成因，對研究當代武術爲什麼不斷萎縮衰變而無所適從的原因，對分析武術理論不斷淺薄化的原因，肯定大有幫助。」

（馬明達《說劍叢稿》）

本工作室同仁，深以馬教授之言為然，這也是本套《唐豪文叢》之所以會編輯和出版的大背景與初衷。

唐先生的離去，至今已經快五十年了，武術史學界無論是讚成還是反對他的人，大概誰都不能無視唐豪先生的存在，潑髒水也好，唱讚歌也罷，他都是「我國現代武術史上一位繞不過去的人物」（顧元莊先生語），為學而能如此，當復何憾！

從上文《體育報》近五十年前的報導中，我們知道唐先生被「移靈八寶山安葬」。光陰荏苒，世事變遷，唐先生的墓葬是否安然不得而知，而此套叢書，就權作我們心底為唐先生再樹的一塊墓碑罷。

本書出版尚有若干事宜需同唐氏後人接洽，唐先生身後蕭條，本工作室曾多次托人尋找先生的後人唐世敏女士未果。現書數語，留此存

照，以為日後聯繫之憑證也。

本書編輯出版得金仁霖、林子清、吳文翰、顧元莊諸位先生大力協助，謹此致謝。

瀚海工作室

序

略知太極拳史和武術史的人士，對唐豪先生必不陌生。

唐豪（一八九七—一九五九），字范生，號棣華，江蘇省吳縣人。幼年家貧，十餘歲時即失學到上海謀生，得從山東省德州名拳師劉震南先生學習六合拳。後任上海尚公小學校長，即將武術列為教學內容。在去日本學習政法期間兼習柔道與劈刺。回國後，應中央國術館館長張之江先生的邀請任編審處處長。在此期間曾多次赴湖北省武當山、河南省少林寺、溫縣陳家溝等地考察，著文闡明少林拳始於達摩，太極拳源於張三丰都是後人附會之說，在武術界及太極拳界影響很大。

一九四九年新中國成立後，唐先生曾任華東政法委員會委員。一九五五年調國家體委任顧問，專心研究中國武術史和體育史，主編《中國體育史參考資料》，計八輯。一九五九年因病逝世。

唐豪先生是我國武術史學科、太極拳史學科先驅者，二十世紀三十年代他在中央國術館任職時，就大力提倡研究武術要科學化，主張發展質樸實用的傳統武術，反對花拳繡腿式的虛假套路。他在《武藝叢書·自序》中聲稱：「武術界中……以口頭或著作廣傳其荒誕的、邪魔的、神秘的謬論，毒害了中國一部分人的思想與行動。」為了反對這些不良傾向，他自一九三〇年即投入中國武術史的研究之中，先後選成《手臂餘談》、《太極拳與內家拳》、《少林武當考》、《內家拳的研究》、《戚繼光拳經》、《廉讓堂太極拳譜考釋》、《中國武藝圖籍考》等專著或論文。由於作者治學態度嚴謹，知識淵博，對中國武術史的研究取

得了豐厚成就。

遺憾的是一九四九年之後，唐豪先生早年著作大都未曾再版，致使讀者有望洋興嘆之感。所幸近年山西科技出版社為了「裨益當世和後學，使我中華優秀傳統文化承傳不息」，不遺餘力地搜求、整理出版歷史上遺留下來的武術典藉，取得了可喜的成績，深受衆多讀者的讚許和歡迎。繼客歲太極拳史論家「徐震文叢」出版後，今年，又將唐豪遺作分編出版。因為唐豪遺作比較分散，不易收集，承蒙上海金仁霖、李子清、顧元莊諸位先生大力協助，將珍藏多年的唐氏遺作獻出，共襄盛舉，「唐豪文叢」才得問世，既為武術愛好者提供了研究資料，也使唐氏遺作不致因時光遷移而湮沒。

這套叢書不是按原作面世先後順序編排，而是按內容分類，方便讀者購閱。其要目如下：

《王宗岳太極拳經》、《王宗岳陰符槍譜》、《戚繼光拳經》、《太極拳與內家拳》、《內家拳》、《少林武當考》、《少林拳術秘訣考證》、《中國武藝圖籍考》、《清代射藝叢書》、《王五公太極連環刀法》、《中國古佚劍法》、《行健齋隨筆》、《唐豪太極少林考》。

《唐豪太極少林考》中的《角觝》、《角抵半解》、《太刀》、《王寅》、《舊體育史上附會的達摩》等文，為上海林子清先生提供。林先生早年曾隨徐震先生學習武派太極拳。在他的大力協助下，山西科技出版社於二〇〇六年出版了「徐震文叢」。林先生與唐豪先生也是舊識，這次為贊助「唐豪文叢」的出版，提供了上述佚文。

太極少林考中，《中國醫療體育概況》為唐氏生前好友顧留馨先生的哲嗣顧元莊先生提供。

繼「徐震文叢」出版之後，「唐豪文叢」也得以面世，有益於中國

武術史和太極拳史的研究，這是毫無疑問的。但是由於受時代影響及掌握資料不同，唐豪先生早年提出的太極拳源於河南溫縣陳家溝陳王廷之說，當時就受到其他研究者的質疑，迄今仍有不少人士認為唐氏此說過於武斷。仁者見仁，智者見智，學術界對太極拳的起源有不同看法是可以理解的。但唐豪先生重視實地考察，認眞收集史料予以研究的樸實學風，是值得我們學習和借鑒的。

吳文翰　於北京燕居齋

自序

目錄，為什麼在學術上占一個地位呢？因為憑藉了它，可以即類以求書，因書以究學，在研究方面可以省卻許多精力，得到許多便利，歷來學者間的重視它，就是為此。

近人姚名達，著有《目錄學》一書，他以為目錄也者，必須能夠領導一切學術，向新的未來世界前進，然後方算達到其任務。所以他歸納了歷來目錄學家的意見，演繹出一個目錄學的定義來：「目錄學這種學術，是把許多亂七八糟的書籍，一一考察它的性質，分成許多種類，按照一定的次序，放在一定的地方，再編成一種目錄，使得看書的人，先

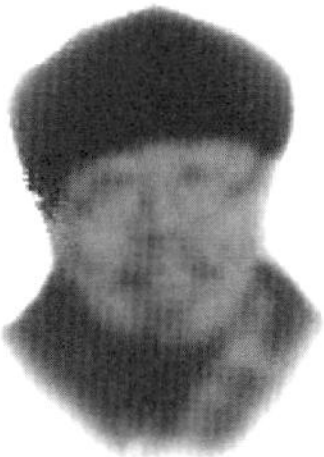

查目錄，可以知道書籍的所在，明白書籍的大概，決定應該看什麼書，應該在什麼地方找。這種目錄，不但應該有名目，把書的名稱、著者、冊數、出版地點、出版年月，告訴讀者；而且應該有序錄，把書的主要篇目、內容大概、著者生平、版本好壞等等有關係的事情，用極簡明的文字，告訴讀者，使得讀者不但知道某書在哪一類，某類有什麼書，而且明白某種學術應該讀什麼書，某種書籍值得讀、不值得讀。像這樣，才是目錄學的正軌，若不能辦到這樣，便不是目錄學。」這本《中國武藝圖籍考》，就是依據了這個標準，略加損益編成的。

有人以為古舊的武藝，已經成為歷史上的殭石，新時代的裝甲車，不是代替了從前的盾牌嗎？新時代的槍炮，不是代替了從前的弓弩嗎？此種目錄，指引別人去研究武藝，究竟能夠發生些什麼作用呢？

我們來放眼一看：世運會競技項目中的擊劍、拳鬥、角力，日本所

提倡的劍道、弓道、柔道、相撲，不都是古老的武藝嗎？為什麼現在會成為新時代競技運動的呢？德國國防部頒佈的陸海軍體育教範，其第四篇的刺槍、擊劍、擒拿、空手奪白刃、拳鬥，不都是古老的武藝嗎？為什麼現在會成為新時代陸海軍體育的呢？概括地說：這些古老的武藝，不但有其體育上的價值，而且有其軍事上的意義，所以，不獨運動會中有此等競技項目，陸海軍體育中也有此等競技項目。

固然，現代戰爭，並不依賴肉搏來解決全域勝負的；但在有些情形之下，是需要肉搏來達到一種戰鬥任務的。假如：步兵的襲擊、騎兵的衝殺，就要依賴槍刺與軍刀了。甲方的技術精，氣勢壯，就能勝乙方；反之，乙方的技術精，氣勢壯，就能勝甲方，這種精神與技術，是需要體育上的搏鬥來訓練的。

德國《陸海軍體育教範》第四篇說：「體育上的搏鬥，乃養成各個

搏鬥之士，使其體魄上及精神上具有優勢的感覺，亦即滋長接近敵人的雄心。」又說：「軍人借搏鬥的訓練，乃能習成堅強、果斷及謹細的戰鬥能力，並能借此深悟爾虞我詐的伎倆、疲勞創痛的經歷、自制的能力。」

有人以為刺槍、擊劍、空手奪白刃，為軍事上肉搏的重要技術，是不可否認的。但拳鬥、角力，又有何用呢？難道說學了這，可以抵抗槍炮嗎？不，當然不。我們要知道戰場之上，進退閃避，看似一件極微細的事，卻繫乎出死入生之大，所以軍中的練習手搏，是準備拿便捷來勝遲鈍，並不是企圖用拳腳來勝槍炮；同時，這種搏鬥性的競技，能將軍人的意志和才能，發展於最小的格鬥範圍之內，既可督促精神上的鞠躬盡瘁，亦可養成勇猛犧牲和攻擊意旨，使身體上獲得多方面充分的教育基礎。

角力雖不如拳鬥的敏捷活潑，但其發達體力的效果，卻較拳鬥為

高，調露子《角力記》，在近乎一千年前，已經抉發其價值，說它能夠宣勇氣，量巧智，決勝負，聘趨捷，遠怯懦，成壯夫，這些優點，無論在體育方面或軍事方面，都是中國民族需要養成的。

至於射藝，它的審固，不是同步槍的瞄準一樣嗎？它的撤放，不是同步槍的射擊一樣嗎？倘然採用射藝為學校、社會、軍隊的競技運動，使它普遍起來，以補軍訓，我想無形之中一定能夠養成許多精良的槍手，增高其殺敵致果的效能。

由此可以證明，世界各國的提倡古舊武藝，實含有其時代的使命。但中國呢！幾十年來，只走一條單純的體育路線，他們一味還就把勢匠所造成的環境，他們不去揀選一下，他們提倡的大多數是些花假虛套近乎開玩笑的東西，甚至如九節鞭、虎頭鉤、三節棍、流星錘、峨眉刺那些玩藝兒，都視為國寶。這些玩藝兒，除了在體育方面發生一些影響之

外，不要說在現代的戰場上毫無用處，就是在古代的戰場上也不能發生一些作用。然而十餘年來國家消耗了幾百萬鉅款，廣設國術館，其所提倡的，十之八九，是這些江湖玩藝兒，對於軍國民教育，可謂風馬牛不相及。推厥原因，最大的病根，由於領袖人物知的不夠，所以對於武藝，應當提倡的卻不提倡，不應當提倡的卻大提倡，於是形成了一種無計畫而瞎幹的局面。他們雖則大聲疾呼地叫喊著救國的口號，然而，事實上他們卻讓開玩笑的花假虛套和九節鞭、虎頭鉤、三節棍、流星錘、峨眉刺去救國！

國家到了危急存亡之秋，需要在種種方面去做挽救工作，這是人同此心，心同此理的。現在，我人既發見過去無認識無計畫的提倡，自然應該立刻加以糾正，這是一件不容猶疑的事。所以著者參考了世界各國的體育方法，認為中國的舊有武藝中，目前急切需要提倡的，以射藝、

刺槍、擊劍、擒拿、空手奪白刃、拳鬥、角力等七項為最。

一般體育家的傳統觀念，以為國民體育與軍隊體育，應該加以劃分，而不應該混淆，這種見解雖未嘗不持之有故，言之成理，但我以為此一主張，極不適切於中國的情形；因為中國至今尚未採用徵兵制度，現行的軍訓，並不是一種完善辦法，在此種情形未曾變革以前，提倡體育，應該著重於軍民兩用的，才能適切本國的情形，尤其是目前的環境。

這本目錄，指引別人從事於這一部門國故的研究，並不是意在復古，而是要便利學者搜求古人累積的經驗，與其體育方法，向新生的學術意義方面前進。

不過，國故的武藝書中，只能供給研究者以一些應用技術，和一些體育資料，如果要把這些技術，洗練得使其合於時用，要把這些資料，組織而成為近代運動，需要有武藝修養，並有體育和軍事知識的人們，

起來做這一工作，並不是單單憑了這本目錄內的圖籍，可以盡其研究能事的，這一點，不得不在這裡聲明。

這本目錄，原來打算再費些搜求功夫，然後動筆寫作的。自從盧溝橋變起，中國的典籍，隨著敵人的炮火而喪失者，難以數計，即使再等幾年之後撰述，然而此類資料，戰前覓之尚不易，戰後求之將更難，所以，不顧內容的簡陋，決計把它出版問世，這是要請讀者原諒的。

書中所考的圖籍，或見於史志，或載諸叢刊，或出於收藏，或錄自書目，網羅之功，耗時雖短，而考訂所資，有時專為其事，遠走千里，身歷異國，故文獻而外，博訪周諮，兼以目驗，區區五萬餘言，成之殆費十餘載，此無非求心之所安，以期無負於一家之言而已。

此書為上海市國術協進會出版，其所以不以國術名書，稱為《中國武藝圖籍考》者，這裡不得不有一個說明。查國術這一名詞，創始於李

烈鈞，其何所取義？現在未能問之於地下。依吾個人的推測，李先生曾經住過日本，他僑居的時候，或許見過日本的大相撲，到民國十六年，他與許多國府要人發起中華民國國術研究館，大概他因為知道日本的大相撲名曰國技，所以他便把中國的武藝改名為國術，不久之後，又有人將其含義來擴充，遂成為中國民族體育的專稱。

術之一字，範圍異常廣泛，武藝可稱之為國術，中國民族體育也可稱之為國術，甚至圍棋、象棋、麻雀、牌九之類，何嘗不可稱之為國術呢！國術的內包，廣而無涯，以稱武藝，根本是不通的。我人不能因其為偉人所創，或者因其有所根據，即便隨聲附和；也不能因其沿用已久，約定俗成，遂發生惰性的傾向而不是正，這是本書命名不願隨俗的理由。

民國二十九年七月七日　唐豪序於孤島上海

凡例

一、無論已刊未刻圖籍，本書一概入錄，唯以撰於清代者為限。已刊諸書，如取舊本影印、覆刻、翻版、改編者，附之當條。未刊諸書，以所知所藏所睹者為限。

一、本書分諸藝，角力、手搏、擒拿，射、彈、弩、槍、棍，戈、戟、刀、劍、斧、干盾、狼筅、钂鈀、器制、儀節、選舉等二十類，其未為列類者，概入諸藝。

一、凡一書包舉數類者，除入諸藝外，並見各類，以便檢查。內容龐雜者就其大體分見之。

一、一書著錄數目者，只舉《史志》。《史志》未著錄者，始舉《補史志》。《補史志》未著錄者，始舉他目。數目不同者，並舉之。同者，舉其最早之目。未知最早之目者，舉所知之目。

一、入錄圖籍，除未詳者外，大都標其存佚。

一、入錄圖籍，每類皆依時代為之先後，如有誤列，希讀者不吝指正，以便再版訂正。

一、本書除依姚氏所立條目外，兼辨眞偽，闢妖妄。

一、書非全關武藝者，不標卷帙。目所未經卷帙不詳者亦然。

一、書有兩歧，未能即為考明者，存之以俟博洽。

一、舊目著錄，只標姓氏，其下無撰字者，本書概題某某，不題某某撰，免蹈《通志》、《嚴悟射訣》誤題撰人之失。

一、撰人時代，除題明者外，其餘凡稱某代書目著錄者，其人其

書，即屬某代。

一、本書援引之文，多為節錄，其充塡之字，概加括弧，以資識別。

一、武藝作家中，其事蹟無關國家及藝業者從略。凡捍禦外侮之民族英雄、發揚蹈勵之愛國志士、矢志興復之前朝遺民、改進軍器之技術人員、啓迪後學之著述專家，則詳其生平，不徒資考據，兼以興觀感。

一、書中考證，有互相關聯而散見數處者，不另標明。

一、參考圖籍，因處戰時，多所未備，其有掛漏舛誤，倘蒙讀者見教，期以再版訂正。

目錄

諸藝

《角力記》一卷

宋鄭樵《通志》、《宋史・藝文志》均著錄，《通志》不題撰人，宋志題調露子，書載《琳琅密室叢書》。其述旨云：

「天生萬物，含血啼息者，無（不）有喜怒之性，六情未始有從教而得者，本乎天然，故相搏者，始嬉戲，常卒怒擊，今貓犬虎狼，始以輕爪弱牙而相擊齧，終則鬥，上古之人，（其格擊）若雞犬之鬥敵而已，則知出自然，豈因教訓而能耶？」

其言也，指徒搏之原始則然，謂演化則否；此書名為「角力」，而雜載手搏，蓋據原始以立說，而未措意於兩者之區別。內容自五代十國而止，疑撰者即五代宋初人。

《武編》

《明史・藝文志》著錄，唐順之輯，其卷前五有牌、射、弓、弩、拳、槍、劍、刀、簡、錘、扒、攩十二篇，皆摭拾舊說，無所發明。

按：順之字應德，武進人。嘉靖中倭亂，視師浙江，躬泛海邀擊。聞江北有警馳援，與鳳陽巡撫李遂，大破之姚家蕩。因盛暑居海舟得疾，返太倉，擢右僉都御史，代遂巡撫，疾甚，以兵事棘不敢辭，春汛期至，力疾泛海，渡焦山，至通州逝。生於正德二年，卒於嘉靖三十九年。

《正氣堂集》

《明史・藝文志》著錄，俞大猷撰。其書於嘉靖四十四年、隆慶三年兩次分刻。道光二十一年，龍溪孫雲鴻，以原本舛錯顛倒，不一而足，屬其友閩縣林藩詳加考正，序而刻之。明本傳世絕希，道光本於北虜忌諱等字，輒為墨圍。民國二十三年，丹徒柳詒徵假嘉業樓道光本，與國學圖書館明本對勘，補其訛脫，影印行世。大猷所撰劍經、射法，見餘集卷四，《紀效新書》轉載之。

按：大猷字志輔，號虛江，晉江人。少好讀書，父歿，嗣世職百戶，始學騎射，指能知鏃，輒命中。從李良欽擊荊楚長劍，法既得，良欽故批其手，大猷還及鬥。良欽釋劍曰：「公異日必天下無敵。」大猷既盡劍術，益悟兵法之用。

嘉靖癸卯，俺答犯山西，張甚，詔選天下有將帥材者。大猷詣巡按御史自薦，御史上其名兵部。尚書毛伯溫為送之宣大總督翟鵬所，召見論兵，不卑意毀見求任，鵬目為策士不用。

大猷辭歸，伯溫用為汀漳守備，自是屢立戰功。倭躪東南，陷城池，毀村鎮，去還莫定，千里蕭然，大猷與戚繼光等共平之。

俺答入犯，大猷以車百輛，步騎三千，挫其十餘萬眾於安銀堡，追奔逐北數百里。安南入寇，以海舟破之。大猷用兵，先計後戰，故在軍中數十年，未嘗敗衄。

隆慶初，給事中吳時來，以薊門多警，請召大猷、戚繼光專訓邊卒。大猷前挫俺答，卓出新見，創立戰車，強弩銳銃，擊堅及遠，簟第龍盾，弓矢難及，合馬隆、李陵、衛青之法，最稱備算。聞吳建言，方以為馬伏波壯志可酬矣。

有以大猷老言於大司馬譚綸者。乃上書曰：「恩台以猷為老乎？猷兒諮榮之母，今又得孕，氣體強健如此，恩台如不信，待猷至台下時，試選三十好漢，各提槍棍，以猷一人獨當，不令其披靡辟易，請就斧鉞。猷平胡壯志，報國雄心，竟不一試，恨遺千古，當有憐之者，願恩台之圖之也。」然朝議卒召繼光，明之邊備遂以守終其世。

大猷長於棍，嘗傳其法於少林僧普從、宗擎。所著《劍經》，有單本行世。生於弘治十六年，卒於萬曆八年。

《紀效新書》

《明史・藝文志》著錄，戚繼光撰。其書有槍、牌、筅、棍、鈀、射、拳諸藝，分載卷十至卷十四。明刻有永懷堂葛氏、楚藩、周世選，廣東軍政掌印署諸本。周本拳經缺八圖，清代諸本，及日本平山潛校刻

本，皆從之出。

按：繼光字元敬，東牟人，世登州衛指揮僉事。嘉靖中，由山東調浙備倭，以五兵必長短相濟，衛殺兼施，乃能克敵制勝，遂本其所得，創為鴛鴦陣。鴛鴦云者：綜合長短衛殺諸器，相助而兼用之法也。戰時，主衛之兵前驅，繼以主殺之兵，又慮其或失也，翼以衛殺兩用之兵，更長以救短，短以輔長，兩者迭濟其窮，於是屢摧大寇，百不一挫，削平倭患，論者推為首功。嘗曰：「五兵之制固多種，古今所用不同，在於因敵變置。」斯誠千古不磨之論。

繼光於南主戰，於北主守，自嘉靖庚戌，俺答犯京師，邊防獨重薊，增兵益餉，騷動天下，復置昌平鎮，設大將，與薊相唇齒，然內地猶時受躪，總督坐失律死者二，大將以罪去者十。隆慶初，繼光總理薊州、昌平、保定三鎮練兵事，在鎮十六年，薊門宴然，繼之者踵其成

法，數十年得無事。

所撰《紀效新書》、《練兵實紀》，皆本《司馬法》，而恢張其用。其訓練士卒諸武藝，重戰場實用，斥花假虛套，朝鮮採其成法，編為一書，名《御定武藝圖譜通》（又稱《朝鮮武藝叢書》），其行可謂遠矣。生於嘉靖七年，卒於萬曆十五年。

《陣記》

《明史・藝文志》著錄，何良臣撰。卷二技用，有射、弩、拳棍、槍、筅、牌、刀劍、短兵、用技等九篇。

按：良臣字惟聖，號際明，浙之餘姚人。弱冠從戰海上，嘉靖間官薊鎮游擊，工辭賦，善將略，著有《軍權》、《陣記》、《利器圖考》、《制勝便宜》等書。徐侍御善長，以《陣記》為括兵將急事，先

助諸梓。

《四庫提要》論此書云：「明代談兵之家，自戚繼光諸書外，往往捃摭陳言，橫生鄙論，如湯光烈之掘阱藏錐，彭翔之木人火馬，殆如戲劇，惟良臣當嘉靖中海濱弗靖之時，身在軍中，目睹形勢，非憑虛理斷，攘袂坐談者可比，在明代兵家，尤為切實近理者矣。」

《耕餘剩技》六卷

明程宗猷撰。其書刊於天啟辛酉，計《少林棍法闡宗》三卷、《蹶張心法》一卷、《長槍法選》一卷、《單刀法選》一卷。黃虞稷《千頃堂書目》，謂《少陵棍法》、《蹶張心法》二書，總名《耕餘剩技》，是黃氏所見者，必殘本也。

查少林二字，舊籍中間有訛誤，如《戚少保年譜》作邵林，乾隆戊

寅金玉樓增補《萬寶全書》作邵陵，《千頃堂書目》作少陵者皆是。

道光壬寅聚文堂覆刻本，首有儀徵阮亨序，缺《少林棍法闡宗》三卷，《蹶張心法》亦缺宗猷侄子頤子愛合序一篇，見血封喉利藥方、熛藥方、中箭用解藥方三則。民國十八年，吳興周由廑取家藏天啟辛酉本影印，易其名曰《國術四書》。

按：宗猷字沖斗，休寧人。自少年即有志疆場，凡聞名師，不憚遠訪，其棍法得自少林僧洪轉、廣按師徒，刀法得自浙人劉雲峰，槍法得自河南李克復，弩法游壽春時，得穴中銅機而創。萬曆四十四年著《闡宗》，先三書出版。

時東北風雲日亟，始之以韃旦入寇，繼之以出塞師敗，終之以滿人犯朝鮮，宗猷蒿目時艱，於天啟元年續成《蹶張心法》、《長槍法選》、《單刀法選》，與前《少林棍法闡宗》合刊行世，冀以書合於

用。次歲，受天津巡撫李辟，挈弟侄義男輩八十人，自裹糧赴軍門，授都司僉書，以所創弩兼刀槍諸法，夙夜訓練津兵，略有成緒，而李內轉，旋還山，宗猷亦乞歸。

崇禎二年，又撰《射史》八卷，以志平生知遇，兼以傳之子孫，使識文武並重之意。生於嘉靖四十年，卒年待考。

予讀其書，嘗赴嵩山少林、休寧汊口，訪其遺緒，皆無所得。惟單刀則靜海劉玉春、任相榮猶能傳其法。玉春、相榮，同出謝德恒門，三人俱已作古。今得玉春之傳者，有郭長生、蕭福善、石青山、趙世奎、陳鳳梧等；得相榮之傳者，有佟忠義等。

《武備志》

《明史・藝文志》著錄，天啟辛酉茅元儀輯。其書言武藝者凡九

卷，有弓、弩、劍、刀、槍、鈀、牌、筅、棍、拳，比較諸法，分載八十四卷至九十二卷。

其弓係輯《武經總要》、《虎鈐經》、《事林廣記》、《步射總法》、《馬射總法》、《射疏》、《黑韃遺事》、《紀效新書》、《籌海圖編》而成。其弩係集《太白陰經》、《武經總要》、《教弩訣法》、《蹶張心法》而成。其劍係集《劍訣歌》、《朝鮮勢法》而成。其刀係集日本隱流刀法、戚繼光所演倭刀法而成。其槍、牌、筅、拳比較，皆採自《紀效新書》。其鈀係輯《紀效新書・劍經》，並增七勢以成。其棍即《少林棍法闡宗》。諸藝中惟《朝鮮勢法》之劍、日本隱流刀法、戚繼光所演倭刀法、钂鈀七勢，為他書所無。拳法採《紀效新書》者三十二勢皆全，可補今本之缺。

其編書之旨，見諸自序者曰：

「國家自受命以來，承平者二百五十載，士大夫無所寄其精神，雜出於理學聲歌工文博物之場，而布衣在下，不得顯於時，亦就士大夫之所喜而為之，不如此則不得附青雲而聲施也。至介弁之流，亦舍其所當營，而學士大夫之步，何也？人不能以己所不知者知人，而喜以同己所知者為賢，故朝野之間，莫或知兵。又古者文武之途合，故仕者亦迭為之，迭為自不得不兼工其學，自本朝始判焉若水火，而洪宣以來，文帥之權日重，是以不知者制所知，限其學而責其效也，故東胡一日起，士大夫相顧惶駭，文士投袂而言者，武弁能介而馳者即以為可將，上以此求，下以此應，計無所之，則靦顏而曰：『神而明之，存乎其人。』嗟乎！一人之身，聰明無兩具也，使士大夫遊塾就傳，目未窺書之日，父不以教，師不以傳，而能握筆縱橫屈伸如意乎？今日之縱橫屈伸者，未必皆所教所傳也，而非教傳又不得，故竊願朝野之士，及時而習之，猶

可作三年之艾，無徒高其氣而自欺為也。」

讀其序，知元儀此書為外患而作也。

按：元儀字止生，歸安人。天啟初，滿人兩入寇，朝中有主撤關外以守關內者，孫承宗視師至甯遠，祖大壽以為中朝必不守其地，所築城潦草不中程，將吏亦眾議參差，惟元儀與袁崇煥、鹿善繼力主當守，承宗計遂決，使元儀定關門，建城式，汰弱留強，而寧遠以固。又與滿桂同大壽率家丁，東出登紅螺，自敵地繞入，歷觀塞外諸山，計畫邊牆，不炊者七日。並與鹿善繼等教備前屯之法，於是寧遠以西，共屯五千餘頃，遼人出關者猝十餘萬，被敵裹脅來歸者不絕。嗣承宗柳河小挫，損三百人，為高第所譖，因以引退。

自第當權，逢迎魏忠賢意，下檄撤錦右、寧前之兵，欲棄關外四百里地。元儀謂敵三年不來，非天幸，實以兵勢既張，畏而不敢耳，力爭

之。第不得已，只撤錦右兵。承宗既為奄豎斗筲齮扼而去，元儀亦以熒惑樞輔、敗壞關事罷居。未及二十年，明室屋而異族入主中國，《武備志》遂成禁書。

《武藝要略》

《千頃堂書目》著錄，明人撰，其書未見。

《拳經捷要》一卷

書中有蒻園氏《題語》一則，范節之《自序》一篇。按其內容，有題董家拇子手破法者，有題范氏行功者，有題出於范家者。

蒻園氏題語云：「余尋訪有年，俱屬支離末學，及觀乎圈拿逼手，神乎技矣，今雖風教已殊，真傳邈漠，而存留六著，若非好學深思，不

知其意，固難為淺見寡聞者道也；余並論次，擇其優雅者，錄為是書。」由斯以斷，則圈拿六著，為蒻園手筆無疑。

其《發著論》曰：「發著拳中王，高低遠近都不妨。高不招，低不架，當中一點無招架。來似箭，去似線，鎖人喉，指人面，高低遠近都看見。拳似伏龍鎖，先去腳和手。閉住三關口，速上加疾；跌去嫌遲，緊上加緊，跌去還有緊。」

此論宛如《耕餘剩技》、《長槍法選》中之原論，不過字面略改耳。《長槍法選》出版於天啟年間，苟《發著論》即本其書，則六著論乃天啟以後所撰也。由題序觀之，圈拿六著外，拇子手破法出董家，餘皆出范氏。蒻園氏筆墨雅馴，非范氏淺陋可比，雖兩家之作，簡編錯雜，然大致猶可辨識，董而理之，俟諸異日。

《六合拳譜》一卷

此譜溫縣陳鑫有一鈔本，其內容有打、拿、行功諸法。

目凡二十二：一曰雙手，二曰拳經總序，三曰解法必用，四曰手足妙用，王曰錦囊，六曰短手，七曰十九問答，八曰六合十大要序，九曰總打，十曰十二上法，十一曰虎撲鷹捉，十二曰易筋經貫氣訣，十三曰心意拳論，十四曰法式，十五曰筋法論，十六曰起落論，十七曰七十二拿法，十八曰總論，十九曰穴門，二十曰生死擒拿手，二十一曰擒手，二十二曰不宜打處。

六合十大要序又分為十節：一曰三節，二曰五行，三曰四梢，四曰身法，五曰手法，六曰步法，七曰上法，八曰截法，九曰三性調養法，十曰內勁。

其六合十大要序，為明末山西龍鳳姬先生再傳弟子李某所作，餘皆姬撰。龍鳳為地名抑人名不詳，今形意拳書所稱之姬隆風，即龍鳳姬所改。

《陳氏拳械譜》二卷

陳溝拳械譜，今已發見者有四：一為兩儀堂本，一為文修堂本，一為三省堂本，一為陳子明彙編本。兩儀、文修、彙編三本，即徐震名為《陳氏拳械譜》者是，附載《太極拳考信錄》。三省堂本，為予所藏，一部已發表於拙《戚繼光拳經》。

由此四譜，可以考見陳溝拳法，可分兩系：甲系名色，與戚氏拳經同者凡三十勢，其歌訣一字不移者，亦有數句；乙系與唐順之《武編》所云之短打相類，多為逼近用法。器械則有槍、棍、單刀、雙刀、春秋刀、雙劍、雙鐗、樸鐮等。此外尚有拳經總歌、擠手歌各一首，擠手歌

載兩儀堂本者四句，陳子明據別本鈔出者六句。

十年前，予遊陳溝，得《陳氏家譜》一冊，封面題同治十二年癸酉新正潁川氏宗派一函。內自始祖起至十九世止，凡配偶、字嗣、流遷、仕宦，均有記載。

第十六頁注：「至此以上乾隆十九年譜序，以下道光二年接修。」十二頁九世祖王庭旁注：「又名奏庭，明末武庠生，清初文庠生。在山東，名手，掃蕩群匪千餘人。陳氏拳手刀槍創始之人也。天生豪傑，有戰大刀可考。」

又陳溝相傳奏庭遺有長短句一首，其前半云：「歎當年，披堅執銳，掃蕩群氛，幾次顛險，蒙恩賜枉徒然。到而今，年老殘喘，只落得黃庭一卷隨身伴，悶來時造拳，忙來時耕田，教下些弟子兒孫成龍成虎任方便。……」查拳械譜內，太祖下南唐一套，予疑其與戚氏拳經同為

陳溝諸拳所本。槍棍據文修堂本注，非全陳溝原有。其餘皆無外來之跡，似皆出奏庭所造。

《手臂錄》四卷附錄二卷

《清史・藝文志》著錄，明遺民吳殳於康熙元年撰。其書載借月山房匯鈔，澤古齋叢鈔，指海，瓶華書屋所刊書，掃月山房叢書、麗樓叢書，叢書集成初編。除卷三單刀圖說、卷四諸器總說、叉說、狼筅說、藤牌腰刀說、大棒說、劍訣、雙刀歌、後劍訣外，餘皆槍法。

按：殳又名喬，字修齡，別號滄塵子，太倉人。崇禎六年，殳以天下多故，約同里夏君宣、夏玉如、陸桴亭，從石敬岩遊，受槍刀法。敬岩教人習槍，以對紮入手，須厚縛紙竹於脅，下革戳苦功三年，然後授以行著，再半載而成，與近代用護具擊刺者同法，法由實驗中得來，故

其技精純，而不流於虛浮，與講壇主義之武術異其趣。

殳又於漁陽老人得劍法，於天都俠少項元池得雙刀法，於鄭華子得馬家槍法，於倪近樓得楊、沙兩家槍法，於朱熊占得峨眉槍法。嘗以其心得，創笎槍之制，自謂於擊刺留心三十年，其中有四五年習練之工，深知甘苦，屢折槍師，故敢改作，其法有五利無一費。

國亡後，以詩寄情。《登北固山》有句云：「生平不忘中流楫，每到登臨便愴然。」《雪夜感懷》有句云：「馳來北馬多驕氣，歌到南風盡死聲。」寫亡國遺恨，喻眼前隱痛，今日讀之，尤發人警惕。生於萬曆三十九年，卒於康熙三十四年。

《古今圖書集成》

《清史・藝文志》著錄，陳夢雷輯。此書原本，為武英殿聚珍版。

翻印者有上海圖書集成局扁字本，影印者有上海同文書局及中華書局本。其書輯有射、弩、彈、刀劍、斧鉞、拳搏、棨戟、戈矛、椎棒諸部文獻。

民國二十三年，桐鄉陸費逵影印《古今圖書集成・緣起》云：「此書為陳夢雷纂輯，彼自稱讀書五十載，涉獵萬餘卷，就所藏書及誠親王允祉協一堂藏書，約計一萬五千餘卷，輯為是書。雍正初年，因陳夢雷原附耿精忠，發遣邊外，但對此書，不肯湮沒，重訂刊行。上諭云：『陳夢雷處所存《古今圖書集成》一書，皆皇考指示訓誨，欽定條例，費數十年聖心，故能貫穿古今，匯合經史；天文、地理，皆有圖記；下至山川、草木、百工製造、海西秘法，靡不備具，洵為典籍之大觀。此書工猶未竣，著九卿公舉一二學問淵博之人，令其編輯竣事，原稿內有訛錯未當者，即加潤色增刪，仰副皇考稽古博覽至意。』越四年成書，由蔣廷

錫上進書表，卻無纂修官姓名，陳夢雷亦湮沒不彰，良可慨也。」按：《清史・藝文志》不題陳夢雷輯而題蔣廷錫等者，即據進書表。

《萇氏武技書》六卷

清萇乃周撰。其卷六雜載槍、棒、劍諸譜，餘皆拳法拳理。陝西教育圖書社出版者，分培養中氣論、武備參考兩種，都一百三十一篇，簡編錯雜，文字偽謬。民國二十一年，武進徐震，為芟除重複，條次先後，是正文字，寫定為六卷，凡七十四篇，更名曰《萇氏武技書》。

按：乃周字純誠，汜水人，乾隆時舉明經。成童即耽武技，籀誦之暇，輒習搏擊，既十載，遇洛陽閻聖道，技大進，卒以此獲名。其五世孫德普，傳其藝於袁宇華，萇氏書始賴以見於世。

角力

《角力記》一卷

馬端文《獻通考》記唐代角力戲云：「壯士裸袒相搏而角勝負，每群戲既畢，左右軍雷大鼓而引之。」此種競倒之技，中國本土，今已不行，惟傳往日本者，尚存裸袒雷鼓之制。此一規制之角力，以裸袒之特徵觀察，予疑周代由埃及傳入我國。

《禮記・月令》：「天子乃命將帥講武，習射御、角力。」崔述《豐鎬考信錄》，謂《月令》係戰國時人所撰，則角力之行於軍中，乃

戰國時事。其練習季節，規定在孟冬，據《月令》稱：「是月也，水始冰，地始凍，天子始裘。」故裸袒之角力，若為我國所創，似與天時相背。查日本坪井正五郎，於三十年前，在埃及十二王朝古墓，發見五千年前相撲壁畫二百數十事，皆裸袒角技，以其產生之早，天時之熱，及亞述彩陶文化於新石器末期影響我國諸種情形察之，似周代之角力，由埃及傳來，有其可能。

又據白鳥庫吉《大秦國及拂林國考》，《漢書・張騫傳》中之犂軒，即為大秦，此大秦即普托婁馬游司朝之埃及國。設其所考不誤，中國周代之角力若不裸袒，武帝元封三年所作之角抵戲，始用裸袒之制，則此種角力，受元封以前中埃交通之影響，亦有其可能。今中國北方殘存之摸泥鰍，俗稱摸光的，即古風之遺也。

清代角力，壯士衣俗稱大領之短褐，履俗稱倒螂肚之靴，護以套

褲，圍以腰帶，觀其衣式，類似蒙古，證諸明代陳元贇傳往日本者，亦衣短褐，亦圍腰帶，可見非清朝始作此裝，予故斷為胡元入主中國以來所變。

日人名裸袒者曰角力，曰相撲，曰角觝；名衣短褐者曰柔術，曰柔道。我國則衣短褐者亦稱角觝，混而不分。近因日本提倡頗力，亞風西漸，至有聘彼邦柔道專家前往傳習者，返視我國，則日就式微，有此優良體育，而不知提倡，甚有目為劇烈運動而不敢習之者，何壯人之少也！

除上述兩種角戲外，述異記載有一種特異之制云：「冀州有樂名蚩尤戲，其民兩兩三三，頭戴牛角而相觝。」此或為苗民之遺制？因著錄此書，略敘源流，以補此記未備。

《古今圖書集成》

其拳搏部，雜載角力文獻。

《角觝譜》

《四庫總目提要》，有檢譜角觝之語。滿語稱此技曰布庫，漢語曰貫跤。其譜相撲朋中，藏者甚多，皆擅斯技者所繪，故無不與實際酷肖，乃今搜求，猶可得之。予藏有清宮如意館圖善撲營貫跤橫披一幅，滿人老廷舉圖貫跤譜一冊。

手搏

《手搏》六篇

《漢書・藝文志》著錄，不題撰人，其書已亡。《史記・太史公・自序》云：「司馬氏在趙者，以傳劍論顯。」蘇林注曰：「傳手搏，論而釋之。」姚振宗《漢書・藝文志・條理》謂：「蘇林漢末魏初人，其注《漢書》，言傳手搏，論而釋之，必實有所見，似《劍道》、《手搏》兩書，皆傳自司馬氏，而《手搏》一書，又從而釋之。」

予以為蘇林注與此書名，字面同而意義異。《漢書・哀帝記》贊：

「孝哀雅不好聲色，時覽卞、射、武戲。」蘇林注曰：「手搏為卞，角力為武戲。」若卞即擊劍，則上斬頸領，下決肺肝，時時覽之，有是理乎？

按：卞與抃同，魏孟康注左思《吳都賦》抃字云：「抃，手搏也。」後漢王逸解《楚辭・天問篇》抃字云：「擊手曰抃。」故漢志著錄之手搏，孝哀所覽之卞，皆為擊手之拳法。姚振宗認手搏為釋劍道之書，其說似未當。

近人顧實所撰《漢書・藝文志講疏》，謂日本稱手搏曰相撲；又引王先謙說，謂手搏即今之貫跤，皆非。查中國裸袒競倒之角觝，傳往日本者，名曰角力，一名相撲；衣短褐競倒之貫跤，傳往日本者，名曰柔術，一名柔道，皆蘇林所稱之武戲。其由琉球傳往日本名為唐手術者，始為中國之手搏也。

按：日人高田忠周《學古發凡》二卷，有殷商古鬥字三：一作（[illegible]），一作（[illegible]），一作（[illegible]），三千年前相搏之狀，宛然在目，我國手搏之古文獻，莫逾此矣。

《角力記》一卷

其書雜載手搏。

《紀效新書》

卷十四《拳經捷要篇》原有圖勢三十二，《武備志》轉載者全。日本寬政間，平山潛翻印萬曆周世選本，第六頁版心下，刻六至八三字，足證周本已亡失二頁。

查《拳經》每頁載圖四，今本俱佚八圖，適符亡頁之數，可見其書

皆從周本出。考明版《紀效新書》、《四庫目略》著錄者，有永懷堂葛氏、楚藩二本，《詒莊樓書目》著錄者，有廣東軍政掌印署一本，《武備志》所據，三本中當居其一，故較周本為全也。

近人金一明，取戚氏拳經，編為一書，易名曰《三十二勢長拳》，歸中華書局出版。查戚氏編三十二勢，長拳短打，相容並收，今改其名，似未深知原作內容。更就注解觀之，亦多與戚氏原訣相畔，是誠所謂強作解人者矣。

《陣記》

卷二第五篇言拳之諸派。

《白打要譜》六卷（章鈺《錢遵王讀書敏求記校證》云胡校本譜作訣）

《讀書敏求記》著錄，明汪伯言輯。《敏求記》曰：「今盛傳宋太祖長拳三十二勢，溫家七十二行拳，三十六合鎖，二十四棄探馬，八閃番，十二短，以至綿張之短打，各擅所長，表表著名於世，潁川汪伯言，集諸家之應變，備成要訣。」章鈺《敏求記校證・續補遺》注：「上善堂目，有遵王手鈔《白打要訣》一本。」

按：《敏求記》所稱宋太祖長拳三十二勢云云，出《紀效新書・拳經捷要篇》，據此，則汪伯言之輯要訣，當在《紀效新書》後。予近得《六合拳譜》一卷，末章《用武要言》，有若干條首稱要訣云，似即錄自汪書。

《長拳三十二勢》一卷

《讀書敏求記》校證《白打要譜》條，章鈺注曰：「也是園目載長拳三十二勢一卷。」考《紀效新書・拳經捷要篇》，有三十二勢長拳，則此書當為明人舊傳之譜。章也是園目係舊鈔，玉簡齋本無之。

《拳法》一卷

《讀書敏求記校證》白打要譜條，章鈺注曰：「也是園目載三十二勢一卷，又拳法一卷。」也是書目為錢曾編，此書或亦明人舊作歟？玉簡齋叢書也是園目無是書。

《拳法集要》一卷

《讀書敏求記校證》白打要譜條，章鈺注曰：「竹崦庵傳鈔書目，有《拳法集要》一卷，不著撰人，不知與此書異同若何？」竹崦庵目予未見，俟異日睹其書再考。

《拳經捷要》一卷

此書簡編錯雜，其圈拿六著，出蒻園氏；拇子手破法，出董氏；餘出范節之。

《六合拳譜》一卷

此譜總打後題有「雍正十一年三月河南府李失名、雍正十三年正月

新安王自誠、乾隆十九年七月汝洲王琛琳、乾隆四十四年汝洲馬定振」字樣。

其序云：「拳之類不一，其端不知創自何人？惟六合出於山西龍鳳姬先生。先生明末人也，精槍法，人呼為神。先生謂：『吾處亂世，執槍衛身則可，若處平世，兵刃消滅，倘遇不測，何以禦之？』於是變槍為拳，理會一本，形散萬殊，拳名六合，前後各有六勢。一本者何？心之靈也。萬殊者何？形之變也。六合者：心與意合，氣與力合，筋與骨合，手與足合，肘與膝合，肩與胯合，是謂六合。前後各六勢，一勢變為十二勢，十二勢仍歸一勢。余從學鄭氏，得姬氏傳，雖未臻佳境，而稍得其詳，分為十則，以誨弟子，不敢云能接姬氏傳也。」

合題序及歲月觀之，此拳當是姬傳鄭，鄭傳李，序與十則，李所撰也。予疑十則即現在形意拳家奉為圭臬之《六合十大要論》；然形意之

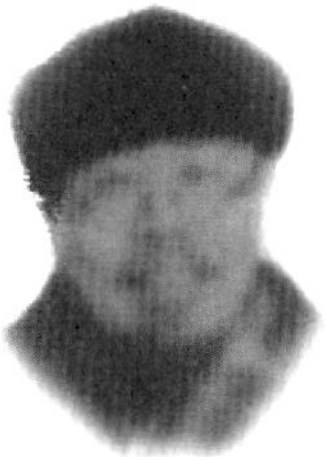

基本非六勢，一勢亦不變為十二勢，或其譜非形意本門所原有，故刪李序，而托為岳武穆者歟？

徐震《國技論略》辨形意拳譜非岳飛所傳，其說曰：「形意拳家言形意拳傳自岳飛，其事殆出於依託，蓋形意拳家借岳氏以增重也，予嘗有跋《形意拳要論》一篇云：

「束鹿李劍秋，著《形意拳初步》，後附岳武穆形意拳術要論十篇，乃濟源鄭濂浦得諸其鄉原作傑家者也。吾觀其文，純為八比氣格，如《要論一》發端云：『從來散之必有其統也，分之必有其合也。以故天壤間四面八方，紛紛者如有所屬，千頭萬緒，攘攘者自有其源。』《要論二》發端云：『嘗有世之論捶者，而兼論氣者矣，夫氣主於一，可分為二，所謂二者，即呼吸也，呼吸，即陰陽也。』《要論四》發端云：『試於論身論氣之外，而進論乎梢者焉，夫梢者身之餘緒也。』此

明明習於八比者為之，而云武穆之所為，稍知文章之士，自能辨識，武士不學，乃尊信而不疑，故予為辨明之。」

按：八股始於明，武穆宋人，安能為之？徐辨與李序，一證其妄，一明其本，真相既白，古人著作，不致張冠李戴矣。陳鑫鈔譜，予居陳溝時，其猶子春元，僅許借錄序目，不肯公之於世，八•一三後，溫縣淪為戰區，此譜倘化劫灰，則秘私之毒，與炮火何異乎！

《拳經》一卷

考此書內容及序，自玄機和尚身法圖至攙拜手，似為明末陳松泉所傳，張嗚鶚所編。攙拜手以下，似為康熙初橫秋張孔昭或其門弟子所作。嗚鶚原書，雜有題語二則，一在管腳法之首，一在心傳六拿之前，題者三昧其人，似為嗚鶚及門弟子。

予：嘗取蟫隱盧近出《拳經、拳法備要》考之，曹煥斗稱其家自橫秋相傳，已百餘歲。查煥斗編《拳經》時，為乾隆四十九年，上溯百餘歲，最早當在康熙初葉；予所拓少林寺西塔墓僧碑，題名諸髡，凡屬玄字派者，自前明至順治，皆書玄某，迨至康熙，則悉加金旁，以避聖祖諱。由此觀之，其傳授序次，應自玄機而松泉，松泉而鳴鶚，鳴鶚而三昧，三昧而橫秋。

鳴鶚序曰：「余儒業也，而癖性好武，從拳操技，蓋有日矣，豈以謂有文事者必兼武備哉。試以身當兵亂之世，必不能端章甫而點兵卒，只謂之武能佐文也亦宜；矧古之大聖人，以之撥亂，而今之碩儒，不以之致治哉！」

味身當兵亂之世，以之撥亂等語，鳴鶚與松泉，當俱是明末時人，其書之撰，亦當在其時。此本已無諸器械百法，曹煥鬥書中亦未之見，

或橫秋以前，即已亡佚矣。

上海國技學社，於民國十六年至十九年間，以海陵度我氏藏本，付諸石印，名曰《玄機密授穴道拳訣》，與《傷科書》一卷合刊。

《內家拳法》一卷

《清史・藝文志》著錄，黃百家撰，其書載《昭代叢書合刻別集》。

按：百家原名百學，字主一，號不失，餘姚黃宗羲季子。從王征南習內家拳時，慕睢陽伯紀之為人，謂天下事必非齷齪拘儒所任，必其能上馬殺敵，下馬擒王，始不負七尺於世。既而南明傾覆，乃降心抑志，折節讀書。征南死七年，為著《內家拳法》，志追思焉。生於崇禎十六年，卒年未詳。

查宗羲所撰《王征南墓誌銘》，言其拳起於宋之張三豐，三豐武當丹

士，徽宗召之，道梗不前，夜夢元帝授之拳法，厥明以單丁殺賊百餘，遂以絕技名於世。百家所撰《內家拳法》，則謂三豐既精於少林，復從而翻之，是名內家。宗羲所述源流，係征南入天童時親告；百家所述，與其父聞之征南者不同，想因怪誕不經，故從而改之，然皆杜撰無據也。

近太極、形意、八卦、無極四家拳法，皆附會為內家，考其練法、打法、名色，絕不相同，足證其標榜無疑。查內家源流，最後諸人，與征南同輩異師者九，與百家同輩異師者三，《寧波府志・張松溪傳》，皆未言其有門弟子，府志纂於雍正十三年，上距《王征南墓誌銘》之作，凡六十六年，其松溪事蹟及內家源流，採訪甚詳，苟此數人，以技授徒，決無不載之理，黃百家於康熙十五年，亦不致謂此術已為廣陵散，自視其著述，等於諸葛書中之木牛流馬，尺寸雖詳，而歎後人誰復能用矣。

民國二十六年春，予偕方夢樵赴寧波寶幢東同嶴，親訪征南後裔，

又托夢樵在溫州國術館，調查陳州同遺緒，俱渺不可得。徐震貽書，疑與通臂拳有關，予訪精厥技者究之，其拳以臂如猿通肩而取名，與內家拳名勢無同者。

《拳術》

明遺民王餘佑撰。按：餘佑字介祺，明亡後，隱居五公山雙峰，故又號五公山人。梁啟超《近代學風的地理分佈》，述其身世云，其父以起義抗清遇害；其長兄自投獄以與父同殉；其次兄手刃告密之仇家三十餘口，以亡命隱淇縣以終。又云：五公俠士之有道者也，精技擊，善談兵，著書十卷，名曰此書，吾謂此革命軍教科書也。

《恕谷年譜》錄有五公絕命詩一首云：「一天雷電收風雨，欲使乾坤暗裡行，尚有高靈護殘喘，爭留面目見諸生。」

恕谷為顏元門人，元生平父事五公，顏李學派，在異族統治下，排理學，主六藝，取潛行活動，志圖匡復，蓋秉五公遺教，欲使乾坤暗裡行也。

民國四年趙衡序孫祿堂《形意拳學》云：「往歲，某見有寫本五公山人新城王餘佑所著刀法、拳術，心竊好之，而未暇錄福以存，匆匆今二十年，十三刀法已梓行，不復能憶其拳術。」予訪求多年，猶未獲見此書。

《陳氏拳械譜》二卷

陳溝拳法，予析之為兩系，其屬於乙系者：有短打、擸手、擄手、三十六滾跌、金剛十八拿法等。其屬於甲系者：有太祖下南唐、長拳、十三勢等。

十三勢有五套，兩儀堂本以炮捶為二套，三省堂、文修堂二本則

否；文修堂本且注明二三兩套已失傳，今若列炮捶於五套之外，則諸本咸缺二套譜，非全矣。

查王宗岳著《太極拳譜》時，猶名長拳十三勢為太極，可證乾隆時代，長拳尚未失傳。降及道咸，陳溝始專演十三勢頭套而名之為太極。武禹襄注王宗岳《太極拳論》：「一名長拳，一名十三勢。」李亦畬注王宗岳《太極拳解》：「一名長拳，又名十三勢。」蓋皆未見長拳譜，故不能探見其本也。

長拳名色，與戚繼光《拳經》同者凡二十九，與《太祖下南唐》同者凡十一；十三勢炮捶等五套與戚氏《拳經》同者凡二十，與《太祖下南唐》同者凡九；長拳歌訣，有數句採自《拳經》者，竟一字不移，此為陳氏拳採兩家之的證。

陳品三《陳氏太極拳圖說・自序》云：「洪武七年，始祖卜，耕讀

之餘，而以陰陽開合運動周身者教子孫以消化飲食之法，理根太極，故名曰太極拳。」查康熙五十年陳氏十世孫庚追立之卜碑，其紹述先人者，只「我祖諱卜，洪武初年，來自洪洞，定居於茲。」

寥寥十六字，品三《序》所云云，不獨墓碑所未載，族譜所未見，苟太極拳果出卜創，則決無明初之人，其拳歌反採百數十年後戚氏《拳經》之理。故予不信品三之說，而據家譜遺詩，斷太極為陳氏九世祖奏庭所造。此說非唯與戚氏拳經、王氏拳譜，前後時期不違，文獻亦足徵，足徵則吾能信之矣。

《長拳圖譜》一卷

陳溝長拳，凡一百單八勢，此有圖之譜，客歲予自北平文芸閣購得之，首尾殘缺，存者只五十四勢，非完璧矣。

其拳名色郵，合陳溝文修堂、兩儀堂、三省堂譜考之，與戚繼光《拳經》同者有懶紮衣、金雞獨立、探馬、七星、倒騎龍、懸腳虛、丘劉勢、拋架子、拈肘勢、一霎步、擒拿勢、下插勢、埋伏勢、井攔、鬼蹴腳、指襠勢、獸頭勢、伏虎勢、高四平、倒插勢、神拳、雀地龍、一條鞭、朝陽手、雁翅、跨虎、拗鸞肘、當頭炮、順鸞肘等二十九勢。

歌訣全與《拳經》無異者，有「七星勢手足相顧，邱劉勢左搬右掌，獸頭勢如牌挨進，朝陽手遍身防腿，跨虎勢那移發腳，當頭炮勢衝人怕」等句。

徐震《太極拳考信錄》，謂戚氏所採用有太祖長拳、陳溝之長拳，或即衍長拳之遺緒，非由戚氏之法衍變也。

信如其說，徐氏必須證明陳溝長拳與《拳經》雷同之歌訣拳勢，盡出太祖長拳，其說方能成立，否則三十二勢長拳譜，徐氏未之或睹，遽

立此論，未免率斷。

進一步而言，戚氏《拳經》，係採十六家拳之善者編成，若採太祖長拳二十九勢，採其餘諸家三勢，試問十五家採三勢，將如之何其採乎？此一問題，竊恐徐氏無以置答也。

就陳溝長拳名色觀之，所採不止戚氏《拳經》，固極明顯，然四分之一強，出《紀效新書》，圖譜具在，可以覆按。

他日，予擬取紀效二十九圖，與此譜五十四圖，合併刊行，使陳溝長拳面目，世得見其十之八。

《古今圖書集成》

其拳搏部之戚氏《拳經》，係從《武備志》轉載，無圖；少「拋架子、拈肘勢、一霎步、擒拿勢」四訣。

《拳經拳法備要》各一卷

民國二十五年丙子，上海蟫隱廬據光緒廿六年王某鈔本印行。以張鳴鶚拳經考之，其書蓋混張鳴鶚、張孔昭、曹煥斗三家著作而一之，以未標明某篇為某作，故讀者惑焉。

羅振常序云：「《拳經拳法備要》各一卷，傳鈔本。其法為少林宗派；據其題名，則張孔昭撰，曹煥斗注；按其內容，則孔昭之法，煥斗述之，非孔昭原著。自來書之注解，概列本文於前，而附注其下，以為區別，此書則本文注解，初無界限，其拳法備要，不署張名，圖又為曹所補，似全為曹作。然拳經中雙管秘法，後附張先生原歌，可見拳經亦非張氏原文也。」

《拳經》非孔昭原文，振常推測者甚是，然謂孔昭之法，煥斗述

之，又謂《拳法備要》，似全為曹作，則皆未見國技學社出版《拳經》，故遂誤斷耳。

歙縣方夢樵云：嗚鶚之法，其鄉里今尚流行，苟歙之拳家，能取三書重加編訂，輔以新圖，補其亡佚，既可使古人著述重明，又可一洗晦澀難讀之病，更可為拳家參考之資，一舉而數善備，有志於斯者，盍起圖之。

《太極拳譜》一卷

予往著《少林武當考》、《內家拳》、《太極拳與內家拳》三書，從練法、打法、名色之異，辨太極非內家，並明其托始神話與譜稱張三豐遺論，皆標取內家而來，其言雖不足動惑世妖人之聽，然考據家徐震，已採鄙說於其《太極拳考信錄》中，今可為定論矣。

嗣予復據太極拳《陰符槍合鈔譜》，潁川《陳氏家譜》等，進而主

張太拳為明末清初之陳奏庭所創，長拳十三勢之編造，採戚繼光《拳經》諸法；著《陰符槍譜》之王先生，即著《太極拳經》之王宗岳；並推定宗岳學得太極拳，係在乾隆年間居汴洛之時，說詳拙著《戚繼光拳經》、《行健齋隨筆》、《王宗岳太極拳經陰符槍譜》三書。上述主張，為徐氏所是認者，只王先生即王宗岳一點，餘皆持異論，說詳徐氏《太極拳譜理董辨偽合編》、《太極拳考信錄》。

自徐氏書出，予獲睹其附載之陳溝舊鈔拳械譜，李亦畬《太極拳譜》；又自山西國術體育旬刊一卷十九期，獲睹李福蔭廉讓堂本《太極拳譜•序》及武萊緒述其祖禹襄行狀，因而得明《太極拳譜》著作之原委，茲逐篇考明如下：

徐書附張士一說云：「《打手歌》似非王宗岳所著，因其《太極拳論》中有察四兩撥千斤之句，顯非力勝，而四兩撥千斤之句，見於《打

手歌》，則《打手歌》似為王宗岳以前人所作。」

從一察字，抉出其為王宗岳以前人所作，可謂至當不移之論。徐氏以陳氏拳械譜中，雖亦有打手歌，然與同譜所載之拳經總歌及他拳訣，辭氣不類，遂謂此歌非陳氏所本有，其《太極拳考信錄》後序辨之云：

「難曰，謂《拳經總歌》未若《打手歌》之精，信矣。然《陳氏拳械彙編》中亦有《打手歌》，安知陳氏非先有粗率之《拳經總歌》，後有簡賅之《打手歌》，王宗岳獨取其簡賅者乎？應之曰。是不然，《拳經總歌》與《打手歌》非獨理有精粗，其辭氣亦異焉。試以《拳經總歌》與其他拳架歌訣比觀，辭氣意味皆相類，《打手歌》之辭氣意味獨不類，足明非陳氏所本有也。」

徐氏不見陳溝有奏庭造拳之詩，其辭氣與十三勢歌相類乎。今不得謂十三勢歌出奏庭手者，以不見於陳溝也。然則《打手歌》與奏庭詩辭

氣相類，謂非陳氏所本有可乎？曰，是不可，蓋考據此歌，須由所在以求其來歷，由繁簡以察其衍變，由精粗以明其後先，由辭氣以審其同異，而後可得其真相。徐氏僅以陳溝發見之《打手歌》，辭氣不類於同地發見之《拳經總歌》與他歌訣，故認為非陳氏所本有。換言之，即陳溝發見之《打手歌》，辭氣與王譜他歌訣相類，故認為王譜所本有。

今子執四端以破其惑：陳氏《打手歌》，四句者較王譜為簡，存原作面目，此陳溝本有之證一也；陳氏《打手歌》，徐言其文義不如王譜之長，可見其為宗岳未修改以前之原文，此陳溝本有之證二也；辭氣與奏庭遺詩相類，此陳溝本有之證三也；最簡賅之《打手歌》，獨發見於陳溝，此陳溝本有之證四也。

徐氏於考據，用力甚勤，明足以察此，徒欲建立其王傳陳之說，遂不得不執一以立論，猶恐世之疑宗岳不以《拳論》傳陳，而僅以《打手

歌》相授也，於是不得不彌縫其說曰：「《打手歌》係陳氏得王宗岳之口授，其他文篇，或未帶往，或未撰成，故未予陳氏。」其說可謂曲暢旁通者矣，奈空言之不敵實證何！

夫辨別辭章，單以辭氣測其孰為本有，孰非本有，必另無他證，庶乎可採。否則，一舉動云云與太極者云云兩篇，辭氣意味，正復相類，使無李譜傳世，徐氏安能辨其出於兩手乎？

太極者云云一篇，李亦畬譜、龔潤田譜、陳秀峰譜，其標題為《王宗岳太極拳論》，出王氏手筆無疑。長拳者云云一篇，徐氏以「十三勢者，掤攦擠按採挒肘靠進退顧盼定也」兩句，歸王宗岳作，餘歸武禹襄作，其說當否，須先將「一名長拳一名十三勢」之來歷，根究清楚，方可判斷。

查龔潤田譜，此九字注於山右王宗岳先生太極拳論題目下，陳秀峰

本與之同。廉讓堂本變為正文，冠長拳者之上，惟已經改為太極拳一名長拳又名十三勢，郝和所藏其師李亦畬本，移十三勢三字為長拳者一篇標題，移一名長拳四字注於其旁，餘刪削，九字之根源，變遷，移放，大要如上，其他諸譜，茲不贅舉。

徐氏以龔潤田本溯楊健侯之舊譜，予以陳秀峰本溯楊班侯之舊譜，班侯、健侯皆露禪子，露禪之譜，徐氏考係武禹襄授予之初改本，並謂露禪本不通文義，從而知太極拳論之題目及其下之注，非王宗岳原譜所有，即出禹襄手，並非露禪所加。又從而知太極拳論之後，必有長拳者十三勢者云云一篇，否則此注為無的放矢矣。

據李福蔭《廉讓堂本序》云：「細檢家藏各本，文字間亦不相同，章篇或此前而彼後，或此多而彼少，緣先伯祖精求斯技，歷四十年，輯本非只一冊，著述屢有刪改，外間鈔本，因時間之不同，自難一致耳。

先伯祖最後親筆工楷手鈔共三本，一交先祖啟軒公，現已殘缺；一交門人郝和，現存伊子文桂手；先伯祖自留一本，現存十一叔父遜之公手，此皆完璧也。至於先伯祖屢次自編原稿，則為十叔父石泉公、十一叔父遜之公所珍藏。」

序中先伯祖，即李亦畬，亦畬與武禹襄為甥舅，其技其譜，皆得自禹襄，從而知廉讓堂本與郝和藏本，皆亦畬取武本舊注移而改，改而移，已非本來面目，此有李福蔭序可證。

今推究以一名長拳一名十三勢注拳論者，其用意或欲使人明論首太極二字，即指另篇之長拳十三勢，此王譜原有長拳者三句之證也。然禹襄只得十三勢之傳，若注出其手，亦望文生義，初不知十三勢外，尚有長拳也。王宗岳譜，予既從舊注察知其原有長拳者三句，田鎮峰本無之，只能斷其為後人刪除，徐氏據為王譜只有十三勢者兩句之證，似未

精思深考。

予以長拳者一篇不見於陳溝，而見於王譜，亦無王宗岳以前或以後之人撰作痕跡，故據舊注推定其全為王作；徐氏以一部歸王作，一部歸武作者，初未留意此注也。

《十三勢行工歌》，徐氏以禹襄為之作解，斷其成於武氏之前，甚是。予推定為長拳失傳後，得十三勢之傳者所作，應在宗岳之後。以心行氣與一舉動云云，楊譜作兩篇，李譜作一篇，李譜篇末有禹襄武氏並識字樣，首有解曰字樣，徐氏考為武作，可無疑問。

此外，徐主太極拳自王宗岳傳陳溝，適與予說相反。徐謂：「李亦畲太極拳小序，於王宗岳論詳且盡矣下，繼以後傳至河南陳家溝，此明明王傳陳，非陳傳王也。」又謂：「李亦畲言王傳於傳，豈能臆造，自必聞之其舅武禹襄，武氏亦豈能臆造，則必聞之陳清萍，楊露禪亦必聞

此說於陳溝，故於王宗岳為太極拳先師之說無異議。」

按：清萍所傳太極，以趙堡王屹嶐為盛，予在陳溝時，兩處拳家，均相過從，訪問王譜，了不可得，武氏之譜，非得諸清萍，謂王傳於陳，武氏必聞之陳清萍者，其證何在?查《太極拳譜》，係武氏得於舞陽縣鹽店，非親得諸王宗岳，亦非得諸陳清萍，有李亦畬《跋》可證，則後傳至河南陳家溝雲者，武氏初未聞之王宗岳，亦未聞之陳清萍，明明為得譜後臆測之辭，而徐氏信之，此其說之不足為據者一也。

楊氏譜得於武氏，露禪之云王傳於陳，以武楊傳譜一事觀之，不如謂楊聞於武，反有佐證，徐懸揣其聞於陳溝，此其說之不足為據者二也。

陳溝不見王譜，僅見撰於拳論以前之《打手歌》一首，徐謂：「陳氏初只得王之口訣，故陳氏書中或不完具，或頗歧異，楊武兩家，則譜中六句無異致，而文義亦較見於陳氏書者為長。」不知陳溝四句變為六

句者，乃由簡而至繁，王譜文義較長者，乃潤粗以至精，逐漸增訂，其跡至顯，王取諸陳，其事至明，楊武無異致者，乃楊得於武之證，非王傳於陳之證，故與其據《打手歌》以證王傳陳，毋寧據《打手歌》以證陳傳王，經其說之不足為據者三也。

年來，予與徐氏辨太極拳，仁者見仁，智者見智，有時固絕不苟同，有時則互為發明，其間訂正舊說，創立新見，相需相成之處，彼此並不各是其是，各非其非，惟事有可證，理有可明者，往往不肯遷就而已。此拳今日盛行南北，各家著述，或依託神仙，成附會妖妄，其於民族思想，貽害甚大，予與徐氏所著太極拳書，先後辭而闢之，豈徒飽食寄興，亦冀沉迷知返，用心所屆，遂孜孜而不休，為之者其人不多，夫豈得已哉！

此條闡明《太極拳譜》，因限於篇幅，僅及六篇，其潤色修改陸續

附益之文，並奏庭編太極拳採取戚氏拳經等等，予將著《太極拳譜考辨》一書以明之。

《萇氏武技書》

徐震編訂本，卷一至卷五，皆言拳法拳理。

擒拿

《拳經捷要》一卷

此書所載拿解，不足二十法，其緒說則謂有七十二拿，想因轉輾傳鈔，餘皆亡佚矣。

《六合拳譜》一卷

拳家通稱拿法有七十二，此譜亦然。明鄭若曾《江南經略》使拳之家內，有三十六拿法，三十六解法，是七十二拿者，拿與解各得其半

也。此譜予僅借鈔其目，內容是否如《江南經略》所云？今已不復能憶之。明代以專精拿法名於世者，有鷹爪王、唐養吾二人，見《紀效新書》、《陣記》，姬氏相距不遠，其所傳或即兩家之遺緒歟？

《陳氏拳械譜》二卷

彙編本有金剛十八拿法：一曰霸王請客，二曰燕青捉肘，三曰蘇秦背劍，四曰王屠捆豬，五曰倒沾金，六曰金蟾脫殼，七曰千斤墜，八曰白猿獻肘，九曰千斤大壓梁，十曰獅子倒扳樁，十一曰鎖頂捺法，十二曰金絲纏瓜，十三曰左右推醋瓶，十四曰隔席請客，十五曰白馬臥欄，十六曰仙人脫衣，十七曰呂公解縧，十八曰鐵幡杆。餘三本短打中，亦雜拿法。

射

《射法》二篇

《漢書・藝文志》著錄，題逢門，其書已亡。查劉歆《七略》，有《蜂門射法》一書，《史記・龜策傳集解》引之，《七略》為漢志所本，此為王應麟《漢書・藝文志》考證援據《呂氏春秋》「蠭門始習於甘蠅」一說之由來。

顏師古注，逢門即逢蒙，此為王應麟《漢書・藝文志》考證援據孟子「逢蒙學射於羿」一說之由來。世本作篇，稱逢蒙作射，此為張澍輯

注逢蒙作射法一說之由來。

宋《重修廣韻》注：「《古今表》有逢門子……豹……宋公子來於木門者，後遂以為氏。」此為鄭樵《通志氏族略》所云：「《漢書・古今人表》有逢門子豹，《藝文志》逢門子著兵法」一說之由來（逢門射法列《漢志兵書》，故鄭樵云著兵法）。

綜此數說，可得結論如下：著者之師，一曰甘蠅，一曰羿；著者氏名，一曰逢蒙，一曰逢門子豹。查《書經・五子之歌》，其傳說之羿，為太康時人，逢蒙必與同時，始得為師弟，甘蠅亦然。據甲骨文時代觀之，此三人皆生乎書契以前，逢蒙不能著書，與王張所考之非，灼然可見。唯中國在書契之前，早有射藝，則已因近二十年來之發掘，由出土石砮，獲得證明，茲以與此書無關，不為贅述。

又《廣韻》豹字上下皆有奪文，故姚振宗《漢書・藝文志條理》，

謂當以逢門子為句，其說足正鄭氏之誤。近人姚明輝《漢書・藝文志注解》，謂當是傳逢蒙射法，非必逢蒙著。顧實《漢書・藝文志》，謂古今人同名。姚說近乎牽強彌縫，顧說亦只見一端。

予以為撰此書之逢門，若非古今人同名，即秦漢間人假託，二者必居一於是。

《弋法》四篇

《漢書・藝文志》著錄，題蒲且子，其書已亡。高誘注淮南子曰：「蒲且子楚人，善弋射。」姚振宗《漢書・藝文志條理》，以淮南子本文，無楚人字，故為之考曰：「楚世家有云：『楚人有好以弱弓微繳加歸雁之上者，頃襄王召而問之。』高注云楚人，或本諸此，然不知是否即此蒲且子也。」

張湛注偽書《列子》曰：「蒲且子古善弋射者。」亦未言其為楚人。

《繳書》二篇

《漢書・藝文志拾補》著錄，不題撰人，其書已亡。束皙竹書敘目曰：「繳書二篇，論弋射法。」

陳逢衡《竹書紀年集證》卷末有曰：「交選勵志詩注，引《汲塚書》云：『蒲且子見雙鳧過之，其不弋者亦下。』疑是繳書二篇之文。」果如陳氏所云，則繳書之作，當後於蒲且子弋法。

《射法》十一篇

《漢書・藝文志》著錄，題陰通成，其書已亡。

《射法》三篇

《漢書・藝文志》著錄，題李將軍，其書已亡。顏師古注，即李廣。

按：廣隴西成紀人，為人猿臂善射，自結髮從戎擊匈奴，大小七十餘戰，匈奴畏之，號曰飛將軍。居右北平，射虎，虎騰傷廣，廣竟亦射殺之。與人居，則畫地為軍陣，射闊狹以飲，專以射為戲。其射，見敵急，非在數十步之內，度不中不發，發即應弦而倒，用此將兵，數困辱匈奴。元狩四年，大將軍衛青大舉擊匈奴，廣年六十餘，自請行。武帝以為老，弗許，良久乃許之，以為前將軍。既出塞，青令出東道，廣以前將軍應居先當單于，爭之不得。東道少回遠，軍亡導失道，後大將軍期，漢法當死，遂自剄，廣軍士大夫一軍皆哭。

《魏氏射法》六篇

《漢書・藝文志》著錄，撰人名未詳，其書已亡。

《射書》五篇

《漢書・藝文志》著錄，題護軍射師王賀，其書已亡。

姚振宗《漢書・藝文志條理》曰：「護軍之屬有射師，則表（百官表）所不具，蓋猶今之教習。」又曰：「其前數家，皆稱射法，此獨名《射書》，而置於連弩射法具之後，則其書大抵言射具、器用，製作之程品為多。」

後說予以為近臆測。

《射法》五卷

《漢書・藝文志》著錄，題疆弩將軍王圍，其書已亡。

姚振宗《漢書・藝文志條理》曰：「漢興，郁郅王圍，成紀李廣，皆以武勇顯，山西天水隴西安定北地，處勢迫近羌胡，民俗修習戰備，高上勇力鞍馬騎射，其風聲氣俗自古而然也。」

《射經》三卷

魯曾煜序顧鎬《射說》曰：「晉杜預有《射經》三卷，宋潛溪惜其不傳。」查《晉書》杜傳，謂預身不跨馬，射不穿札，則潛溪之說，不知其何據？

《馬射譜》一卷

《隋書經籍志》注，謂梁有《馬射譜》一卷。亡，文選《赭白馬賦》注引《邯鄲淳藝經》曰：「馬射左邊為月支二枚，馬蹄三枚也。」李善曰：「月支，馬蹄，皆射帖名也。」

《玄宗馬射圖》（《通志》作《明皇馬射圖》）

《唐書・藝文志》、宋鄭樵《通志》均著錄，唐志題陳宏，《通志》不題畫人，其圖已亡。

《射記》一卷

《唐書・藝文志》著錄，張守忠撰，其書已亡。

《弓箭論》一卷（《通志》作《弓箭啓蒙論》，宋志作《弓箭啓蒙》）

《唐書・藝文志》、宋鄭樵《通志》、《宋史・藝文志》均著錄，唐任權撰，其書已亡。

《射經》一卷（宋志一部一卷一部二卷）

《唐書・藝文志》、《宋史・藝文志》均著錄，唐王琚撰，其生平具見《新唐書本傳》。單行本世已久佚，載唐順之《武編》卷前五，顧煜《射書》卷一者，《祇射必中席而坐》一篇名《王琚射經》。載清陶珽《說郛正續合刊》卷一百一，陳夢雷《古今圖書集成》二百七十九卷者多十三篇。

查宋志著錄之《王琚射經》有兩部，一部一卷，一部二卷，豈多十

三篇者，即二卷本耶？十三篇中，有宋盧宗邁《太尉釋撥》，故《說郛正續合刊》，及平山潛校刻《紀效新書》參訂書目中之《射經》，皆題宋王琚，不知唐志已著錄其書，宋代在後，寧得反引其文之理？又唐顧書所載琚射經，首曰：「凡射必中席而坐，一膝正當垛，一膝橫順席。」坐以習射，正是唐風，安得謂琚為宋人？

《武編・王琚射經》之後，間以俞大猷射法、習挽進力古法、古《事林廣記》執弓取箭古法、牽放體勢古法、遣放求親古法、治心調攝古法、始為步射總法、持弓審固、舉靶摟弦、抹羽取箭、當心入筈、鋪膊牽弦、斂身開弓、極力遣箭、捲弦入鞘、修後手法、步射病色、馬射總法等十二篇，又間以射疏、黑韃遺事，始為弓有六善一篇，足證《說郛正續合刊》、《古今圖書集成》所載《王琚射經》，自步射總法以下非琚作。

唯此十三篇，究為何人手筆？尚待考證。若果為宋志著錄之二卷

本，則其成當在脫脫修宋史以前，盧宗邁刊射法之後。

《射法指訣》一卷（《郡齋讀書志》作《嚴悟射訣》）

宋鄭樵《通志》、晁公武《郡齋讀書志》均著錄，其書已亡。

《通志》題嚴悟撰。晁公武曰：「唐王思永撰。思永學射法於成都工曹嚴悟，成書十篇，每篇首必稱師曰。」

據此則《通志》題嚴撰者誤。

《九鏡射經》（《考通》九作几）一卷

《宋史・藝文志》、元馬端臨《文獻通考》均著錄，其書已亡。

陳振孫《直齋書錄解題》曰：「唐檢校太子詹事韋韞撰，制弓矢法三篇，射法九篇。」

《射訣》一卷

《宋史・藝文志》著錄，唐韋韞撰，其書已亡。

陳振孫《直齋書錄解題》曰：「（韞）序其學射之初，有張宗者授之訣，為《射訣》。」明陳繼儒序《射史》曰：「昔韋韞學射於張中，有《九鏡射經》。」

按：繼儒於撰人名書名，俱未考《直齋書錄解題》，故歧異。

《射書》十五卷

宋鄭樵《通志》、《宋史・藝文志》均著錄，《通志》題為唐徐鍇、歐陽陌撰，其書已亡。

按：鍇為鉉弟，仕唐為秘書省正字，累官內史舍人，因鉉奉使入

宋，優懼而卒，其生平詳《宋史・徐鉉傳》。宋志訛鍇為諧，歐陽陌未詳。《補五代史・藝文志》，有徐撰《射書》五卷，疑即《通志》所著徐鍇、歐陽陌《射書》十五卷之誤。

《射騎圖》

《遼史・藝文志》著錄，義宗畫，其圖已亡。義宗生平，具見《遼史本傳》。

《射法》一卷

宋鄭樵《通志》、《宋史・藝文志》均著錄，黃損撰，其書已亡。《通志》訛損為捐，其生平略見《中國人名大辭典》，《補五代史・藝文志》亦著其書。

《射訓》一卷

宋鄭樵《通志》、陳振孫《直齋書錄解題》均著錄，其書已亡。

陳振孫曰：「監察御史張仲殷撰，中興書目云本朝人，果也，則不當名犯廟諱。」通志不題撰人。

《射訓》一卷

《宋史・藝文志》著錄，題張仲商，其書已亡。

按：此書與《直齋書錄解題》之張仲殷《射訓》一卷，書名卷帙皆同，姓名只差一字，疑為一書。

《射訣》三卷

《宋史・藝文志》著錄，題李章，其書已亡。查五代吳楊行密騎將李章，善撫士卒，不知是否即其人？

《射鑒九圖》一卷

宋鄭樵《通志》著錄，不題撰人，其書已亡。

《五善射序》一卷

宋鄭樵《通志》著錄，題程正柔撰，其書已亡。

《金吾射法》一卷

宋鄭樵《通志》著錄，不題撰人，其書已亡。

《射經》四卷

宋鄭樵《通志》著錄，不題撰人，其書已亡。

《射口訣》一卷

宋鄭樵《通志》著錄，題張商撰，其書已亡。

《九章射術》三卷

宋鄭樵《通志》著錄，不題撰人，其書已亡。

《集古今射法》一卷

宋鄭樵《通志》著錄，不題撰人，其書已亡。

《劉氏射法》一卷

宋鄭樵《通志》著錄，題劉氏而不名，其書已亡。

《射訣》一卷

宋鄭樵《通志》著錄，題魏氏撰而不名，其書已亡。

《九鑒射經》一卷

宋鄭樵《通志》著錄，不題撰人，其書已亡。

《射評》一卷

宋鄭樵《通志》著錄，題李廣撰，其書已亡。

按：漢志既著錄廣射法，何獨遺此書與《射訣要略》乎？顯出後人依託。

《射訣要略》一卷（《通志》、《直齋書錄解題》作《射評要略》，宋志作《射評要錄》）

宋鄭樵《通志》，晁公武《郡齋讀書志》、陳振孫《直齋書錄解題》、《宋史・藝文志》均著錄，其書已亡。

晁公武曰：「李廣撰，凡十五篇。」陳振孫曰：「依託也，鄙淺無奇。」

《射議》一卷

《宋史・藝文志》著錄，其書已亡。陳振孫《直齋書錄解題》曰：「元城王越石仲寶撰，凡七條。」

《射訣》一卷

《宋史藝文志》著錄，王堅道撰，其書已亡。

《射經》一卷（宋志作四卷）

宋鄭樵《通志》、《宋史・藝文志》均著錄，田逸撰，其書已亡。

《射訣》一卷

宋鄭樵《通志》、《宋史・藝文志》均著錄，馬思永撰，其書已亡。

按：《通志》此書，與《嚴悟射法指訣》並著錄，則撰《嚴悟射訣》之王思永，名雖與馬同，不能如《射訓》之疑為一書也。

《弓訣》一卷

《宋史・藝文志》著錄，不題撰人，其書已亡。

《射法》一卷

《宋史・藝文志》著錄，劉懷德撰，其書已亡。

《神射訣》一卷

宋鄭樵《通志》、《宋史・藝文志》均著錄，《通志》不題撰人，宋志題張子霄，其書已亡。

《廣弓經》一卷

宋鄭樵《通志》、《宋史・藝文志》均著錄，《通志》不題撰人，宋志題紀亶，其書已亡。

《神射式》一卷

宋鄭樵《通志》、《宋史・藝文志》均著錄，王德用撰，《通志》用訛甫，其書已亡。

按：德用字元輔，趙州人，將家子，善撫下，故多得士心，雖屢臨邊境，未嘗親矢石，督攻戰，而名聞四夷，其生平詳見《宋史・王超傳》。

《馮氏射法》

宋陳振孫《直齋書錄解題》曰：「括蒼何宗姚，取投壺新式及馮氏射法為一編。」馮氏名未詳，其書已亡。

《增廣射譜》七卷

宋陳振孫《直齋書錄解題》曰：「淳熙中，詔進士習射，書坊為此以射利。末二卷為盧宗邁射法，亦簡。」其書已亡。

《射法》二卷

宋盧宗邁撰，見《直齋書錄解題》，其書已亡。

按：宗邁生平，略見《中國人名大辭典》。

《弓訣》一卷

《宋史・藝文志》著錄者凡二部，此部題李靖，其書已亡。

查張守忠、任權，皆名不如靖，唐志均著錄其書，使靖果有是作，

安得見遺？疑出依託。

《九鑒射圖》一卷

《宋史・藝文志》著錄，不題撰人，其書已亡。

《射經》三卷

《宋史・藝文志》著錄，不題撰人，其書已亡。

《射經》三卷

《宋史・藝文志》著錄，題張仲素，其書已亡。

《射義提要》一卷

《宋史・藝文志》著錄，題何珪，其書已亡。

《法射指訣》一卷

《宋史・藝文志》著錄，不題撰人，其書已亡。

《弓試》一部

《宋史・藝文志》著錄，題呂惠卿，其書已亡。

《射譜》

宋人繪，見《續通志圖譜略》，已亡。

《武編》

其卷前五射篇，係輯《吳越春秋》所成。弓篇係輯王琚射經、俞大猷射法、習挽進力古法、《事林廣記》執弓取箭古法、牽放體勢古法、遺放求親古法、治心調攝古法、步射總法（子目略）、馬射總法、射

疏、黑韃遺事、弓有六善、弓制等所成。

《正氣堂集》

餘集卷四有射法一篇，凡十六條。末與陳可貞往來書各一通，皆言射理。

《射學正宗》一部

明高穎撰。按：寬正十年，平山潛嘗引其書參訂《紀效新書》，則《射學正宗》之著，當在戚書前。《李堪學射錄》亦引其文，予未見原書，不知世尚有傳本否？

《紀效新書》

卷十三載射法三十五條，日人平山潛刻《紀效新書》，嘗以《正氣堂集》、《王琚射經》、《射學正宗》三書校之。

查戚書第一至第十六條，出《正氣堂集》，第十七條出《王琚射經》，則其餘十八條，當出《射學正宗》。

《陣　記》

卷二有射一篇。

《射經》十三篇

《千頃堂書目》著錄，明李呈芬撰。載《說郛正續合刊續》卷三十

六，《古今圖書集成》第二百八十卷。

《射史》八卷

《傳是樓書目》著錄，明程宗猷撰。其崇禎二年原刻本，八一三前藏首都國學圖書館，今不知其所在矣。

《射義新書》二卷《雜記》一卷

《四庫全書存目》著錄，明程道生撰。

浙江圖書館書目云：明崇禎刻本，四冊，有乙亥海昌葛定遠序，古鄞錢光繡序，朱其弦序，乙亥者，崇禎八年，觀序中「自神廟末季迄今」語，可見也。八一三前，原本藏浙江省立圖書館，今不知移往何許矣？按：道生字可生，海寧人。

《射書四卷》

《傳是樓書目》著錄，顧煜撰。

崇禎十年原刻本，戰前藏北平圖書館，今不知有無他移？楊朝梁題貽經書屋光緒覆刻本云：「是書係用原本刊刻，故抬頭字樣，悉仍其舊，閱者鑒之。」又顧序「我皇明蕩□□□」句，楊為刊滅三字，此亡國之民，在異族統治下，恐觸文網，避忌諱也。

崇禎間，內憂外患，交相煎乘序，懷宗以經生守文拘務，罔達權制，申命諸郡邑，頒於學宮，以時習射。論者疏請止。

煜慨然曰：「夫苟與國同恤，與民同患，豈遂無賈傳終童其人者！上有求而不應，下有倡而無從，未可為丈夫志四方者道也。」又曰：「艱虞薦至，功令聿新，有不起圖一發再發之業，實可恥恨！先儒陸九

淵之言曰：『今人高居優游，乃懷安非懷義也。』」煜乃從筆墨暇，執弭從事，服儀決拾，並著《射書》，以率天下。

按：煜字柏銘，無錫人。

《射書》一冊

崇禎間，黃岡官撫辰《雲鴻洞稿》第二編第十三冊即為是書。此冊與十二冊《火經》、十四冊《器書》，均未付刻。《雲鴻洞稿》係清代禁書。

《弓馬陳法》一卷

《匯刻書目》著錄，明人撰，載《武經開宗》第四集，存佚未詳。

《騎射》一卷

《匯刻書目》著錄，明程輔圖撰，載《武書大全》，存佚未詳。

《射藝津梁》二卷

清史德威撰。同治戊辰刊江史攀龍敘云：「予家自前明崇禎己卯，伯高祖德威公；國朝康熙甲子科，伯曾祖明道公，皆領鄉薦。先君子暨諸伯叔與予，先後遊庠，皆賴德威公之傳實多焉。兵燹以後，家藏書籍，殘失過半，如《忠正公集》，板多殘缺，今已補刊成帙。至《願體集》、《扇梳記》，及《射藝津梁》諸冊，板俱銷毀，但存原本。戊辰仲夏，適值府試，一二耆舊，訪及《射藝津梁》一書，遂相與傳觀，歎為善本，亟勸付梓，以惠後人，而彰祖訓。庶家法藉以不墜，即初學亦

不為無補云爾。」

觀序中「皆賴德威公之傳實多」云云，「亟勸付梓，以彰祖訓」云云，則此書當為攀龍伯高祖德威所作也。本年四月十日，申報有同治十二年舊報新鈔一則，題曰《墨寶歸原》，讀之，知忠正公即史可法，德威乃閣部繼嗣，康熙四十七年戊子尚健在。

攀龍所刻，稱據原本，書中諸圖，皆作滿裝，則《射藝津梁》之撰，當在清初。原本經洪楊兵燹，除攀龍家藏者外，世未得見，同治願體堂重刻本，張堯倫藏。

《古今圖書集成》

第二百七十九卷至第二百八十二卷載有《王琚射經》、李呈芬《射經》、《紀效新書‧射法篇》，及《射部古今文獻》。

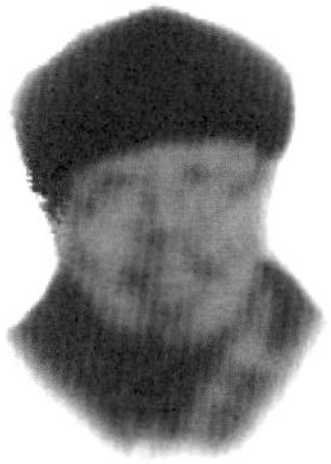

《射說》一卷

清顧鎬撰。其序題雍正甲辰，跋題康熙五十八年，則撰述當在康熙末，而刊行當在雍正初。

原本張堯倫收藏，民國二十九年上海市國術協進會刊印《清代射藝叢書》，輯入甲集。

按：鎬字東山，別號癡道人，才而俠，殫心於射，別具會心，所著《射說》，言簡而賅，理明而暢。

《學射錄》二卷

《清史・藝文志》著錄，李塨撰。其書載《畿輔叢書・恕谷後集》。上海市國術協進會近印《清代射藝叢書》，將其輯入甲集。

按：塨字剛主，號恕谷，蠡縣人。父明性，國亡後黯然韜晦，足跡不履市闕，時率弟子值侯比耦，嘗曰：「文武缺一，豈道乎？」時博野顏元深察國家盛衰之故，以禮樂射御書數及兵農錢穀水火工虞為學，志圖興復，因命塨請業焉。塨得顏氏之教而張之，後世稱顏李學派。

孫鍇述其學派曰：「宋道士陳摶，以其道家所傳太極圖授周子，周子為之作說，程朱尊以為儒宗，以主靜為學功，以講性為學要，於古人經世之務，略焉不講，曾點之春風沂水，則謂其有堯舜氣象，三子之禮樂兵農，則卑其欲得國而治之，以致學者處無經濟，出無事功，當時沈仲固曰：『自道學之名興，學者出仕，以理政事為俗吏，以建書院修語錄為賢者，異時必為國家莫大之禍。』沿流以至前明，懷宗問平賊方略，儒者劉蕺山對以舞干羽兩階，然則講學不實，禍流家國，其弊可勝言哉！」

塨幼承家學，長遊顏氏之門，於禮樂兵農射御書數，皆考古準今，

可措施行。其時去明社之屋，才二三十年，人心惕然於理學之禍，一時翕然風從，然卒為康乾兩朝文化政策所扼，故終清之世未能大行。塨嘗曰：「天下皆壯人，自有理學書生兩派，而皆成懦人。」故平日究心武事，雖老不倦。

其射得之趙思光、汪若紀、郭金城。其御得之郭金城、蔡麟。其槍刀得之王餘佑。其劍得之楊澍仁。其鞭得之蔡麟。

康熙戊子，成《學射錄》二卷，自稱為異叟所傳，考其年譜，所謂異叟者，即為呂異品，豈當時異品，有所避忌，故塨諱言之歟？生於順治十六年，卒於雍正十一年。

《射法》

清郭金湯撰。查《恕谷年譜》，其書刊於康熙乙亥，存佚未詳。李

塨序之，《學射錄》並兩引其文。

按：金湯字子堅，其先本姓張，父為郭氏子，因從其姓。篤信顏元之學，上書願為弟子。出知桐鄉、嘉善，明於決獄，抑豪強，擊猾吏，親勸農桑，遭母喪去官。與弟金城同擅射藝。生於順治十五年，卒於康熙四十四年。

《射法》

《匯刻書目》著錄，清汪萬頃撰，卷帙不詳，載《說鈴續集》。

按：《說鈴》為康熙間石門吳震方輯，原刻本有前後續三集，嘉慶重刻巾箱本，只前後二集，較原本少《分甘餘話》、《塞北小鈔》、《言鯖》三種，多《西征紀略》、《絕域紀略》、《滇黔紀遊》、《蓴鄉隨筆》四種，續集諸種，無一載入，從知巾箱本乃取震方前後集殘本

增入四種所重刻者。

予搜羅武藝圖籍，十餘年來，遍訪續集，至今未獲一見，豈已亡佚歟？

《科場射法指南車》一卷

清鑾江劉奇撰，金溪周亮輔注。末有康熙壬寅較錄字樣，查康熙壬寅凡兩見，一為元年，一為末年，則此書之刊，當不出此兩歲。

上海市國術協進會近印《清代射藝叢書》，輯入甲集。

《征南射法》一篇

《清史・藝文志》著錄，法為內家拳家王征南所傳，文為其弟子黃百家所撰。

征南，明遺民也，國亡後，不願為異族順民，寧鋤地擔糞，窮困以死，其生平行誼，見黃宗羲所作墓誌銘，及百家《內家拳法》。此篇載《檀几叢書餘集》下，上海市國術協進會近印《清代射藝叢書》，輯入甲集。

《貫虱心傳》一卷

《清史・藝文志》著錄，紀鑒撰，載《昭代叢書合刻》丙集，上海市國術協進會輯入《清代射藝叢書》乙集。

《騎射論》

清俞萬春撰。

按：萬春字仲華，山陰人。素嫻弓馬，有命中技。道光辛卯壬辰

間，隨父從戎粵東，以平猺變有功，獲議敘。壬寅，英人侵略海疆，獻策軍門，備陳戰守器械，見賞於巡撫彭玉坡。著有《戚南塘紀效新書釋》、《火器考》、《騎射論》諸書，皆屬稿未鐫。道光己酉卒。

《武經集要》

上海千頃堂出版，中有《射法》一卷，題徐亦手訂，有同治元年自序一篇。其從容中道圖說、正己養氣圖說、志彀圖說、持固圖說，皆出《貫虱心傳》。內法八條、外法二十八條、騎射法十條、騎射十八字，皆出《科場射法指南車》。步射要訣、學射心法十六字、步射集要，未明出處。

上海市國術協進會，刪其與《科場射法指南車》、《貫虱心傳》重複者，輯入《清代射藝叢書》乙集。

《射法大全》一卷

鈔本，佚名氏撰。書中八法四要圖，繪薙髮童子，可斷其書為清人所撰。輯入上海市國術協進會《清代射藝叢書》乙集。

彈

《古今圖書集成》

甲文彈字，有作[illegible]形者，有作[illegible]形者，可證不規則之彈，與圓形之彈，至殷商猶存並用之跡也。

民國十五年，山西夏縣西陰村灰土嶺，有陶球若干出土，據考古學家之判斷，其小者即彈丸。此址含有彩陶等遺物，則圓形之彈丸，中國於五千年前未開化低位期即已用之；其不規則之彈，似可推定其與發明弓矢之野蠻時代高位期同時。

《古今圖書集成》第二百八十五卷，所輯彈部文獻，可備參考，予故另立一類著之。

商務印書館出版之《叢書集成》初編目錄，以元人之《丸經》為彈丸，是誤球戲為行丸矣。

按：彈之弓力纖弱，射之弓力強勁，是以能射者未有不能彈，能彈者未必即能射，故學彈必須從弓矢入手，提倡不能以彈射並重，其本末然也。

往見運動會中，於射外並列彈為競技項目，似猶未明乎此。

弩

《弩射秘法》

《後漢・藝文志》著錄，劉寵撰，其書已亡。

按：寵善弩射，十發十中，中皆同處。其生平詳見《後漢書・陳敬王羨傳》。

《強弩備術》三卷

《宋史・藝文志》著錄，不題撰人，其書已亡。

《陣記》

卷二有弩一篇。

《耕餘剩技》六卷

書中《蹶張心法》一卷，為宗猷數十餘年極力苦心研究有得之作，茅元儀以其有關邊防之重，故轉載之，《圖書集成》又從而輯入焉。近有書賈某，以宗猷嘗習棍少林，乃易名為《少林弩法》，翻印射利，可謂巧於附會者矣。

宗猷自序云：「弩類頗多，名亦煩瑣，茲蓋以其蹶而張也，故借其名，而法則余偶所獨得者，敢以《蹶張心法》名篇。」

元儀一見其書曰：「千載久廢之器，復啟於斯人，天將以此為制敵

之利器乎！」其推重如此。惜宗猷天津練兵，未成而退，明室不久遂屋，轉錄其法之《武備志》，旋成禁書，極力苦心研究以得者，終未由措諸邊圉，一酬宗猷報國之志，未免為之扼腕耳！

今弩雖不復可用，而宗猷捍禦外侮，改革軍器之抱負，今猶可為志士取法，豈得以其書不合於時，遂視為無足重輕哉！

《武編》

卷前五，輯程太昌，列子仲尼篇，劉天和、提綱、北征錄諸說，成弩一篇。

《古今圖書集成》

第二百八十三卷至二百八十五卷載弩部文獻。查中國之弩，據日本

學者藤田豐八，考為由印度傳入，見其所著《中國石刻的由來》一文。文中考先秦中印文化之溝通，係從石刻、器物、弩射、譯音諸方面證明。衛聚賢《古史研究》第二集，譯載其說云：

「《史記蘇秦列傳》敘述其說韓宣惠王之語中，有『天下之強弓勁弩皆從韓出，谿子……韓卒超足而射，百發不暇止。』又云：『以韓卒之勇，被堅甲，蹠勁弩，帶利劍，一人當百，不足言也。』《索隱》注此『超足而射』云：『超足，謂超騰用勢。蓋起足踏之而射也，故下云『蹠勁弩』是也。』《正義》亦云：『超足，齊足也。夫欲放弩者，皆坐，舉足踏弩，兩手揍機，然後發之。』而此風至漢時尚存，如《史記・申屠嘉傳》云：『申屠丞相嘉者，梁人，以材官蹶張，從高帝擊項籍。』《集解》解此『蹶張』云：『徐廣曰：『勇健有材力開張。』駰案如淳曰：『材官之多力，能腳踏強弩張之，故曰蹶張。』律有蹶張

士。」《申屠嘉傳》亦見於《漢書》（卷四二）。

而顏師古注此『蹶張』云：『今之弩以手張者，曰擘張；以足踏者，曰蹶張。』然則，『超足而射』，謂係舉足踏弩之射，其形狀亦見於武梁石室的畫像，Curtius Rufus 的《Alexander 大王傳》，敘述大王與 Porus 的戰爭，說印度人的矢云：『此等武器，實際長而且重，射手弦之，殊不容易，必先置弓於地，然後始能之。然地易滑，故在妨其努力之時，敵乘彼等未發矢之前，有射彼等之餘裕。』此尚曖昧，然依 Arrian 之 Indika 所傳，則云『印度的步兵攜弓，其長與攜弓者之身長等。彼等置之於地上，以左足踏之，遙控弦於後方，以備放箭。何以如此？蓋其箭幹之長，殆及三亞□——譯者按即碼，原文係 yard，每碼當我國三・一〇七五尺——無論何物皆不足以防印度射手之強箭。楯與胸甲更較其鞏固』云云。如此，與中國古代之蹶張為弓相同。而梵語呼弓為

Dhanu而與呼『弩』之名稱，頗覺類似。況《蘇秦傳》云：『天下之強弓勁弩皆從韓出，谿子。』《史記集解》云：『駰案許慎云：『南方谿子蠻夷，柘弩皆善材。』《索隱》亦云：『許慎注《淮南子》，以為南方蠻，出柘弩及竹弩。』韓之勁弩，元係由南方蠻夷而出，此概由印度傳入南方蠻夷，再入於韓，遂廣布於諸國之間。」

其注云：「《漢書・刑法志》云：『魏惠以武卒奮……魏氏武卒，衣三屬之甲，操十二石之弩，負矢五十個』云云。據此，弩在韓之前後已用之。魏惠王與韓宣惠王異時而稍先。」

查《圖書集成》所引《太公六韜・軍用》、《管子輕重甲》篇，雖皆言弩，然其書俱戰國以後人偽撰，不足據為考證之資。

槍

《馬槊譜》一卷（《隋書經籍志》注梁二卷）

《隋書・經籍志》著錄，不題撰人，其書已亡。

查隋志下注梁二卷，則一卷者非梁書甚明，《南史梁簡文帝本紀》，言帝著《馬槊譜》一卷，是否二卷者另為一書？抑一卷之一係後人據隋志目誤改？今莫能明。

《北史・蔣少遊傳》，謂此為胡戲，近入中國，故簡文序云：「馬槊為用，雖非遠法，近代相傳，稍已成藝，鄧蔍縈魏後之廷，武而猶

質，種武入丹陽之寺，雄而未巧，聊以餘暇，復撰斯法。」

《武編》

槍譜之今存者，梨花六合為最古，其所由得名，以此槍合戰之法有六，而首合有梨花擺頭之稱也。其譜《紀效新書》、《耕餘剩技》亦載之，然三譜互有參差，此則傳久所演變者耳。

查譜不言有單演之勢，《紀效新書》之二十四勢，與《耕餘剩技》之十八勢，皆單演而大相逕庭，疑係後來所加，並非舊譜所原有，其原有者只六合耳；《武編》所載，無單演之勢，可證予說。

譜中記六家所傳異點云：「老楊封閉皆用陰陽滾手。老樊以為滾手遲一著，只兩手心向下拿定竿子救。樊封閉移後腳左右。孔鳳封閉移前腳左右，離子午。松單手轉身進步送槍。本雙手跪進槍。濟甯吏單手不

進步送進槍，俱不離子午。」

《紀效新書》

卷十載《長槍法》一卷，繼光稱其法始於楊氏，謂之曰梨花。

程宗猷《耕餘剩技・長槍說》云：「器名槍者，即古之丈八矛也，其法遵楊家，然未稽楊之為何時人也。《通鑒》載宋甯宗時，有紅襖賊李全，善運鐵槍，後敗，妻楊氏謂鄭衍德等曰：『二十年梨花槍，天下無敵手。』今槍中有梨花擺頭之名，豈其人歟？豈以其藝之高，而不以人廢歟？若稽實，則有望於博洽君子耳。」

戚氏稱其法始於楊氏，當亦根據《通鑒》。近人金一明，取戚程之作，連綴成書，歸上海益新書社出版，名曰《六合槍》。

《陣記》

卷二第六篇槍，盛稱楊家梨花六合之妙，謂山東樊氏深得其傳。書中所載刺木把之法，為習槍切要功夫。

《夢綠堂槍法》一卷

明少林僧洪轉撰，載《手臂錄・附卷》。

《耕餘剩技》六卷

書中《長槍法選》一卷，乃宗猷據河南李克復所傳，撰以傳世者，其法亦稱梨花六合。譜與《武編》、《紀效新書》同出一源，而互有參差，其單演之勢，則與《紀效新書》者大異，故宗猷於《長槍說》中

云：「每遇世之能槍者，說則同而用則異，即所傳之論，亦互有差訛，無從憑考。」

予謂譜同而互有參差者，傳久所演變也，譜不言有單演之勢，兩家有之而大相逕庭者，為各自添加之證也。

《韓氏槍法》

吳殳於其《手臂錄・針度篇》云：「在聊城得敬巖所自出之淄川韓氏槍法。」查敬巖與山東巡撫韓晶宇及韓二公子同學槍法於劉德長，此韓氏指其父抑指其子？不明。

《峨眉槍法》一卷

峨眉僧普恩傳，海陽程真如撰，太倉吳殳輯。計有治心、治身、宜胸、宜動、攻守、審勢、形勢、戒謹、倒手、扎法、破諸器、身手法等十二篇；另總要一篇，係洞庭翁慧生補作，載吳殳《手臂錄・附卷》。殳云：真如之沒，後於敬巖十年；又云：敬巖以崇禎乙亥卒，則真如當沒於弘光元年。

《手臂錄》四卷附錄二卷

卷二馬家槍二十四單演圖勢，與《紀效新書》所載楊家槍無甚出入，此稱馬而彼稱楊，實則兩家單演之法，同出一源也。

附卷上有程真如、翁慧生所撰《峨眉槍法》一卷；附卷下有洪轉所撰《夢綠堂槍法》一卷及程沖斗《十六槍勢》。十六槍勢者，即吳殳從《少林棍法闡宗》輯出，認沖斗以之混入洪轉槍法中者也。

此外卷一之槍王說一篇，槍法圓機說二篇，一圈分形入用說三篇，

槍法元神空中鳥跡圖，及圓圈分形詳註十九，石家槍法源流述一篇，槍根說一篇，六家槍法說一篇，閃賺顛提說一篇，脫化說一篇，短降長說一篇；卷二之針度篇一篇，戳法一篇，革法一篇，步法一篇，行著一篇，槍法微言一篇，馬家槍二十四勢說一篇；卷四之馬家槍考一篇，古論注一篇，沙家竿子用法說一篇，臨陣兵槍說一篇，筅槍說一篇，評真如峨眉槍法一篇，馬沙楊三家槍式說一篇，馬沙楊三家用法說一篇，楊家槍說一篇，又革法一篇，行著一篇，峨眉槍原序一篇，石敬巖槍法記一篇，皆吳殳所撰。

《陳氏拳械譜》二卷

有四槍、八槍、十三槍、二十四槍諸譜。四槍、八槍有對扎法。二十四槍有歌訣、練法。四槍題桓侯張翼德，依託也。二十四槍與《紀效

新書》全同。

《古今圖書集成》

第二百九十一卷，雜載矛部文獻，其援引古籍，足資考據者，以《詩》為最古，《詩》以前即無徵。查遠古用槍，主於擲擊，今競技運動中之標槍，即莫爾甘古代社會所云，為野蠻時代主要貢獻之一。

我國殘存遺跡，其屬於新石器末期者，為安特生在河南澠池掘得之石矛；其屬於青銅器時代者，為故宮所藏周代獵壺腹部所飾之圖，前者係未開化時代低位期之標槍，後者為文明時代之標槍。

《陰符槍譜》一卷

乾隆六十年，佚名氏序此譜，但稱山右王先生撰而不名。

予考其槍訣、高下、左右、剛柔、虛實、進退、動靜、陰陽、黏隨諸理，一一與王宗岳《太極拳論》吻合，此王先生即王宗岳之一證也。著《陰符槍譜》之王先生籍山右，著《太極拳論》之王宗岳亦籍山右，此王先生即王宗岳之二證也。與陳溝《春秋刀譜》連鈔，此王先生即王宗岳之三證也。

序中詳其學問、藝叢、蹤跡者如次：「山右王先生，自少時經史而外，黃帝、老子之書及兵家言，無書不讀，而兼通擊刺之術，槍法其尤精者也。蓋先生深觀於盈虛消息之機，熟悉於止齊步伐之節，簡練揣摩，自成一家，名曰陰符槍，噫！非先生之深於陰符，而能如是乎？辛亥歲，先生在洛，即以示予，予但觀大略，而未得深悉其蘊，每以為憾。予應鄉試居汴，而先生適館於汴，退食之餘，復出其稿示予，乃悉心觀之，先生之槍，其潛也若藏於九泉之下，其發也若動於九天之上，

變化無窮，剛柔相易，而其總歸於陰之一字，此誠所謂陰符槍者也。先生嘗謂予曰：『予本不欲譜，但悉心於此中數十年，而始少有所得，不以公諸天下，亦烏知其於斯若是哉！』於是將槍法集成為訣，而明其進退變化之法，囑序於予，因志其大略而為之序云。」

此譜原係鈔本，予得諸北平廠肆，民國二十五年，校訂印行。

棍

《劍經》一卷（《世善堂目》作二卷）

《明史・藝文志》著錄，俞大猷撰。《正氣堂集》所載不分卷，《世善堂目》作二卷，當誤。

單行本世鮮其傳，予未之見。《紀效新書》轉載者，與《正氣堂集》微異，並多圖勢十四，當是戚氏所增改。《武備志》從《紀效新書》轉錄者，析之為二，鈀法載八十七卷，棍法載九十一卷。查《劍經》除鈀法十二條外，餘皆為棍，其所由名為劍者，蓋中國古以劍為

重，名此所以尊之也。

近人向愷然，易名為《子母三十六棍》，為之注釋，歸振民編譯社出版，其圖皆左手在前，與《紀效新書》右手在前者不同，當非俞氏舊法。

《陣記》

卷二有拳棍一篇，謂：「學藝當先學拳，次學棍，拳棍明，則刀槍諸技特易易耳。」

《少林棍法闡宗》三卷

《讀書敏求記》著錄，明程宗猷撰。此書宗猷所刻者有兩本：一為萬曆單行本；一為與弩、槍、刀三書合刊之天啟本，四書總名《耕餘剩技》。

萬曆本今有上海龍文書店景印者一種，大東書局、百新圖書公司翻印者二種。龍文本仍題原名，現歸千頃堂發行。大東本易名為《少林棍法圖說》。百新本易名為《少林白眉棍法》。

查宗猷籍休寧，嘗迎少林僧名按號墨堂者至六安從學，書賈徐鶴林序《少林白眉棍法》，以所據鈔本，出錦江陳氏，以《闡宗》後序有墨堂至六安事，竟言宗猷為蜀人，寄籍皖省六安，可笑彌甚！又徐因其書末多落地梅花一勢，故自詡為佳本，不知宗猷原著，並無此勢，乃後人所加也。

書中紀略述其棍起源云：「元至正間，紅軍作難，苦為教害。適爨下一人出慰曰：『惟眾安穩，我自禦之，』乃奮神棍，投身灶煬，從突而出，跨立於嵩山御寨之上，紅軍自相辟易而退。寺眾異之，一僧謂眾曰：『若知退紅軍者耶？乃觀音大士化身緊那羅王是也。』因為編藤塑像，故演其技不絕。」

此一神話，係從文載所撰嵩山祖庭大少林寺那羅延神示跡碑衍出。碑云：「據《景躅集》所載，乃大元至正十一年辛卯三月二十六日巳時，潁州紅巾初起，大亂來至，少林有一聖賢，先在廚中作務，數年殷勤，負薪執爨，鬖頭洗足，單裩形赤，朝暮寡言，不動眾念，無姓貫名，常修萬行。至日，紅巾臨寺，菩薩持一火棍，獨鎮高峰，紅巾畏之而退，即時則沒，後覓不見，乃知菩薩示跡，永為少林寺護法，坐伽藍之地。僧子用記。」示跡碑撰於正德十二年丁丑，碑中只記緊那羅退紅巾事，並無演其棍法之說。

嘉靖四十年，俞大猷自北雲中奉命南征，因聞名動天下之少林棍法，技出神傳，故特地取道至寺，一觀其技，事載《正氣堂集》新建十方禪院碑。

以二碑為證，足見神傳一說，其出現時期，當在正德十二年以後，

嘉靖四十年以前，萬曆四十四年程宗猷撰《少林棍法闡宗》，方據添加之新傳說，敘於紀略中，此即少林棍出自神傳之由來。示跡碑至正十一年辛卯三月二十六日巳時下，文載注云：景躅集原作十年庚寅，因史載紅巾起事在十一年辛卯，故為訂正。

查《元史順帝本紀》，載至正十一年紅巾起事月日云：「五月己酉朔，日有食之；辛亥，潁州妖人劉福通為亂，以紅巾為號，陷潁州。」則紅巾起事，不在至正十年庚寅三月二十六日，亦不在十一年辛卯三月二十六日，而在十一年五月初三日，予用所記者固不符，文載訂正者亦不合，由此可以察知其根本出於捏造。

茲姑撇開神話，對紅軍有無到過少林一點，以觀其究竟。予從洪武六年松庭所撰《嵩山祖庭大少林禪寺寶應住持嵩巖俊公和尚碑》中，考出至正之末，少林曾經落入紅軍手中，故緊那羅怖退紅巾神話，雖出捏

造，而紅巾之到過少林，卻係事實。失守以後之情形，少林碑群中，有不少記載，但皆無歲月可查。

《嵩巖碑》云：「至正之末，天下大亂，茲寺失守，乃避兵於汶水之中林，已而汶水亦亂，師挈其徒還本寺，以疾滅於少室之南杜家寨；事稍寧，遷靈骨於祖塋，塔而葬之。」

《少林寺志・藝林》載《山錫之重裝佛像碑》云：「至正之末，天下板蕩，海內名剎，焚毀殆盡，祖庭僅存其半，殿中佛像，則刮金破背，疑中有物。」又載賈元善《重修法堂銘》云：「迨至元末，兵燹倏興，衲子散處，寺門猶存。」

洪武六年松庭所撰《嵩山祖庭大少林禪寺松源訓公提點碑》，記松源亦避難於秦，與前引《嵩巖碑》，記其師徒避兵於汶水，僅為賈碑所述之鱗爪，其他衲子之散處，今雖無可查考，然即此鱗爪，已足為失守

後之少林寫照矣。惟各碑均未載明失守年月，則對此問題尚須進一層研究，方能解決。

查洛陽天慶寺往持海印所撰《河南府登封縣少林寺蓋公提點塔銘》，謂蓋公於至正辛卯十一月十有七日因疾而逝；塔題至正十年月日建，銘署至正十一年八月日，以預建預撰，故年月在寂滅前也。在八月之先，請撰碑文，精求貞石，道途之跋涉，鐵筆之鐫刻，如此安然營葬，可證至正十一年間少林未曾失守。

《松源碑》中記其院門監寺在職十年後避難地點云：「至正中，淳拙先師，主盟吾道，遷院門監寺一職，十年不解，眾咸稱其能。至正之末，避難於秦，及回，為院門提點。」

《嵩巖碑》記淳拙兩度主盟少林云：「天歷中，淳拙主盟吾道，至正中，無為住持，無為化去，淳拙再繼席。師舉意瓶鐘樓，新南莊，闢

崇德之基，益普照之田，其功業不可具述焉；至正之末，天下大亂，茲寺失守……」

由斯以觀，《松源碑》所云之「至正中，淳拙先師，主盟吾道」，即《嵩巖碑》所云之「至正中，無為化去，淳拙再繼席。」無為塔墳，建於至正五年六月，有題額可證，則淳拙二次為少林方丈，以及松源任十年院門監寺，為至正五年至十四年間事無疑。無為圓寂於至正五年，淳拙於其年再任住持，就職之後，即遷松源為院門監寺，直至十四年為止，松源恰恰任職十年，少林之失守，以《嵩巖碑》觀之，係在淳拙再繼席以後，以《松源碑》觀之，絕不在至正十四年以前，否則衲子散處，松源避難於秦，其院門監寺安得云十年不解乎？

洪武壬申，沙門來復所撰《嵩山祖庭少林寺淳拙禪師才公塔銘序》，雖曼漶不堪卒讀，然碑中「至正乙酉，少林主席復虛，執事者請

至再四，□□辭，遂延諾之，至正壬辰三月，退居西堂，至四月十□□，吉祥而寂」諸語，尚勉可辨識；乙酉為至正五年，與予所考繼席之歲相合；其塔墳題至正十四年二月吉日建者，淳拙寂後二年所立也。

此外，尚有庵主清公一塔，成於至正十一年八月；副寺清公一塔，成於至正十四年四月，使緊那羅果退紅軍，此數僧既得塔葬，安有嵩巖師徒反播遷流離，避兵在外，甚至寂滅於少林附近之杜家寨，而不敢回寺，其塔墳直至洪武六年易代而後始建乎。

再證諸《順帝本紀》：至正十一年五月，劉福通陷潁州。六月據朱皋，破羅山、真陽、確山，犯舞陽、葉縣等處；九月陷汝寧、息州、光州；十二月，也先帖木兒復上蔡。

查葉縣為南陽府屬，餘為汝寧府屬，少林在河南府路登封縣，是年紅軍既未至少林，安得有緊那羅怖退之事？十二年三月，命亦憐真班等

討南陽賊；四月，命月魯帖木兒等討南陽、鄧州賊；十二月，潁州沈丘人，察罕帖木兒，與信陽州羅山人，李思齊同起兵破賊有功；十三年十二月，答兒麻討南陽賊有功；十四年十一月，答失八都魯復苗軍所據鄭、鈞、許三州；十二月復河陰、鞏縣、南陽。鄧州為南陽府屬；潁州、信陽州為汝寧府屬；鄭、鈞、許三州及河陰，為汴梁路屬；鞏縣為河南府路屬，由此以觀，自至正十二年至十四年，河南革命軍勢力，雖由南陽、汝寧兩府，蔓延至汴梁路、河南府路，惟河南府路只一鞏縣為苗軍所據，可證登封少林，在此三年間未失守。

查至正共有二十八年，少林失守時期，既不在十四年以前，則當在十四年以後，茲再就十四年以後考之。

洪武二十五年荊南衛指揮僉事鄭□所撰《少林禪寺第十九代住持嵩溪禪師定公行實之碑》，有云：「當元季至正庚子，少林虛席，疏請開

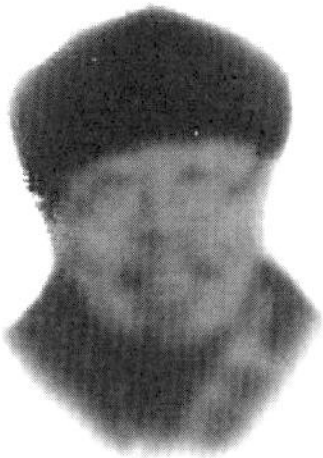

堂，遭天下歐勦，饑歉相仍，會食者尚二十餘缽，師之導化日隆，率眾農作，以身先之，日則耕耘，夜則參道，於是緇素依附者夥；住持三載，退居西堂，仍自力田給眾；會洪武初，本山復請主席。」

查庚子為至正二十年，嵩溪從此年起，住持三載，雖退居西堂，仍自力田給眾，至洪武初，又為主席，採此為證，則至正最後之九年間，即二十年至二十八年，少林並無失守之事，可以斷言。

查《元史察罕帖木兒傳》，至正十九年，政府軍曾將河南全部克復，則少林之失守，以察罕帖木兒傳為證，應在至正十九年以前，十四年以後。

《順帝本紀》：十五年八月，命南陽等處義兵萬戶府，招募毛胡蘆兵萬人，進攻南陽；十一月，賊陷懷慶；十二月，答失八都魯大敗劉福通等於太康；十六年七月，賊侵河南府路，洪丑驢以兵敗之；十一月，

河南（府路）陷；十二月，太不花駐軍於南陽、嵩、汝等州，叛民皆降，軍勢大振；十七年二月，征河南太康、嵩、汝大捷，詔赦天下；六月，劉福通犯汴梁；七月歸德陷，八月劉福通兵陷衛輝路；十八年三月劉福通遣兵犯衛輝，孛羅帖木兒擊走之；五月，賊兵逾太行，察罕帖木兒部將關保擊走之；劉福通攻汴梁，守將竹貞遁，福通遂入其城；七月，福通遣降將周全，引兵攻洛陽，守將以大義責全，全愧謝退兵，劉福通殺之。

按：至正十五年戰事，革命軍方面，南陽被攻，太康大敗；政府軍方面，懷慶陷落，從地理上考查，少林失守，絕不在此年。十六年七月，革命軍侵河南府路，雖遭洪丑驢擊敗，然四閱月後，河南（府路）即陷，著者以為少林失守，即在其時。十六年末至十八年，雙方之戰事範圍，係在南陽、嵩、汝、太康、汴梁、歸德、衛輝、洛陽，而登封則尚在紅軍之手，此等革命隊伍，據程宗猷《闡宗》所述，既苦為教害，則少林

僧徒之流亡得還，應在至正十九年五月察罕帖木兒底定河南以後。

前引《嵩溪禪師碑》，可以窺見至正二十年少林僧歸後景象，其歲月足與予所斷相印證也。緊那羅怖退紅軍神話，在予未以史實證其誣妄之先，著《說嵩》之景日昣，早即斷為無稽。

其說云：「佛經有四緊那羅王：一法緊那羅，一妙法緊那羅，一大法緊那羅，一持法緊那羅；釋云：『神似人而有角』，今寺中像，蓋取諸此。」又云：「少林緊那羅殿，在大雄殿東，西向，奉神三像，裸體執棍，靈動欲活，前像如將仆，中像扶摩之，動輒移時，旁兩像不動也，見者無不肅然。史載：元成宗大德中，建天壽萬寧寺，寺中塑秘密佛，形象醜怪，皇后幸寺，見之惡焉，以帕障面而過。少林像蓋秘密類也，禦寇之說，其信然歟？」

元以蒙古入主中國，象設秘密，其俗所尚，少林住持福裕，嘗希承

忽必烈意旨，摧毀道教，故並世僧侶，惟裕最受崇信，至賜「光宗正法大禪師」之號，贈大司空開府儀同三司，榮顯一時無比。裕又於外蒙和林及燕薊、長安、太原、洛陽分建五少林，弘揚佛法，以佐外族治化，此皆可由程鉅夫所撰《裕公碑》以證景說之是，禦寇之說為不足信也。

至少林棍之所從出，宗猷《闡宗》原有線索可尋，特前人未之深考耳。《闡宗紀略》云：「緊那羅之後，有哈嘛師者，似亦緊那羅王之流亞，曾以經旨授淨堂，以拳棍授匾囤。」

查《少林寺志・匾囤和尚碑》云：「年逾二十，投少林寺，禮梵僧喇嘛為師。」《闡宗總論》之末云：「殲醜虜，壯皇圖，於緊那羅王之聖傳，喇嘛神僧之密授，庶不忝矣。」可證匾囤之師為喇嘛，《紀略》哈字乃誤刻。

又《匾囤碑》云：「嘉靖四十二年，至夔州江中，曰：『道曠無

涯，逢人不盡』，登岸端坐而逝。」考匾匪圓寂時期，上距正德丁丑文載之撰示跡碑，前後只四十七年，少林神傳棍法一說，予前已明其從示跡碑衍出，為正德十二年後嘉靖四十年前之事，則少林棍若非匾匪之師喇嘛所傳，其時期安得如此密合乎？

清褚人獲除知緊那羅神話外，又知唐裴漼《少林寺碑》中有「大業之末，九服分崩，群盜攻剽，無限真俗，此寺為山賊所劫，僧徒拒之」一故事，於是在其《堅瓠集》中，將兩者結合，杜撰一少林棍起源云：「隋大業天下亂，流賊萬人，將近少林寺，寺僧議散走。有火工老頭陀云：『爾等勿憂，老僧一棒掃盡。』眾笑其妄。頭陀即持短棍衝賊鋒，當之者辟易，皆遠避不敢入寺。遂選少壯僧人百餘，授棍法而去，蓋緊那羅佛現身也。」

梁啟超序馬良《新武術棍術科》，採諸說外，又杜撰「唐太宗征王

世充，用僧眾以棍破之」，以實厥說。

水竹村人徐世昌序馬書，謂「棍之名，隋唐間始見諸史，短兵逼戰，以制刀矛，古皆尚之，至戚南塘而其法益備，蓋即隋唐間少林僧徒之所傳，馬生棍術之所從出。」

徐所云隋唐少林僧徒之所傳，亦本《堅瓠集》。二人不知諸說杜撰由來，故皆從之，予以其出學者手筆，故為附辨於此。南塘之棍，採自俞大猷，名為荊楚長劍，本非少林；馬棍演練法，與《闡宗》絕不同，亦非少林，徐之變偽諸說，較梁為尤甚。

世界書局出版之《寫真少林棍法》，亦摭梁徐等牙慧，冒其棍為少林，其實少林何嘗有此等棍法，典籍具在，可資考證也。

宗猷撰《闡宗》之前五十六年，少林棍雖已因假託神傳而得名，然其技實無足觀。俞大猷《詩送少林寺僧宗擎序》云：

「予昔聞河南少林寺，有神傳擊劍之技。後自雲中回，取道至寺，僧自負精其技者十餘人，咸出見顯之。予視其技，已失古人真訣，明告眾僧。皆曰：『願受指教。』予曰：『此必積之歲月，而後得也。』眾推年少有勇力者二人，一名宗擎，一名普從，隨予南行，出入營陣之中，時授以陰陽變化真訣，復教以知慧覺照之戒。及三餘載，二人曰：『噫！有餘矣。』乞歸，以所受之教轉授寺眾，以永其傳可也。遂許辭去。倏爾又十三載矣，門者忽報有一僧求見，與之進，乃宗擎也。謂：『普從已化為異物，惟宗擎回寺，以劍訣禪戒，傳之眾僧，所得最深者近百人，其傳可永也。』」

予觀宗猷所著《闡宗》，其演練之法，根本與《劍經》不同，可證其非宗擎之傳；而理明法備，亦不類俞氏所見已失真訣之棍，可證其非梵僧之舊。查宗猷之師洪轉，著有《夢綠堂槍法》傳世，宗猷之棍，三

分棍法，七分槍法，予故疑宗猷所得之少林棍，乃洪轉改編，僅理論中「舊力略過，新力未生」，出諸俞氏耳。

《手臂錄》四卷附錄二卷

卷四有《大棒說》一篇云：「余見少林有一家棍法，名曰五虎攔，唯一打一揭而已。打必至地，揭必過腦，平平無奇，殆如農夫之墾土者，而久久致工，打揭得勢，則少林諸法，亦甚畏之，不可以平平而輕視也。」

按：俞氏《劍經總訣歌》有云：「一打一揭，遍身著力，步步進前，天下無敵。」故予斷此即宗擎所傳之法。

《陳氏拳械譜》二卷

彙編本有盤羅棒、旋風棍譜兩種，三省堂本只旋風棍譜一種。

《盤羅棒歌》云：「古刹登出少林寺，堂上又有五百僧，百萬紅軍滅佛教，悖羅在地顯神通，要知此棒出何處，盤羅留傳在邵陵。」

按：登出當是登封之訛，邵陵當是少林之訛，盤羅當是那羅之訛，悖羅當是盤羅之轉，據此以觀，陳溝似亦習少林棍矣，然盤羅棒只朝天、擔山、地蛇、跨劍四勢與少林棍同，旋風棍只擔山一勢與少林棍同，餘皆非少林。

《古今圖書集成》

第二百九十二卷，雜載棒部文獻，其匯考援引之典籍，《詩》以前即無徵。

按：木材之獲得與加工，較石材為易，故考古學者間，推定木器時代之出現，應先於石器時代，並推定人類最初使用之木器，即為棍棒，先史時代遺址，所以不見木器出土者，以其質易朽滅，不如石器、骨器之能保存耳。

《萇氏武技書》六卷

卷六有猿猴棒譜一種，其中搶背、蘇秦背劍、摔棒，皆花法不足取。

戈

《古今圖書集成》

第二百九十一卷，雜載戈部文獻，其匯考援引之典籍，以《詩》為最古，《詩》以前即無徵。

按：中國之戈，因各處出土者，皆非得自嚴格的科學發掘，故其來歷，學者間至今猶無定論。民國二十五年，在浙江杭縣古蕩出土之石戈二，為衛聚賢等試掘所得，衛以為是新石器時代之物，而胡行之、劉之遠等均認為殉葬品，或石銅並用時代所遺，此須待日後正式發掘解決其

爭點。

又十年前，予在開封博物館見有河南閿鄉出土之石戈二，其一完整者有長胡下垂，形質單薄，不似實用之物，疑為仿製之明器。

此外，安特生在直隸龍關縣湯池口得一石戈，形較銅戈為簡陋，厚而且粗，兩方相稱，刃根較寬，並附有兩肩角，似為納入柄中所設，其制之古拙，可以視為殷墟出土有肩無胡銅弋之祖型。然安特生以標本只得一種，猶疑其非新石器末期之物，予取岑家梧《史前史概論》中所載西伯利亞安格拉河一帶出土之石斧圖形比觀，深以李濟所斷此戈由石斧變出之說為然，故安氏發見者雖只一枚，借安格拉河一帶遺物作證，則安氏曩疑其為仿銅戈製成者，可以釋然矣。

由此石戈，演進而為銅戈，最初只有援、內、肩，繼則有孔，再進則有胡；無胡者另一方向變為有銎之瞿，代歷商周，不出上述之制。

其使用方法，黃伯思《銅戈辨》、程瑤田治氏為《戈戟考》，皆謂其刃橫而弗縱，可句可啄而非用刺，予則認商周之戈，誠如黃程所言，漢制即不然也。

《金石索》所印漢武梁祠壁刻像人物，持器如戈而刃直上者數四，就中以紂像為尤顯，且注文亦謂之戈，安特生因與其友袁復禮討論此事，袁氏以為或係二物，其單獨無長木柄者為戈，而其他刻像中則為帶鉤之矛，注係後人補作，安氏認其說為臆度，然亦存疑未決，其說見地質彙報《中華遠古之文化》。

予考唐顧愷之《女史箴圖》及宋聶崇義《三禮圖》之戈，刃皆直上與武氏像同，可證唐宋之戈，仍襲漢代遺制，而非帶鉤之矛也。

戟

《古今圖書集成》

第二百九十卷載棨戟部文獻，予考戟之一名，最早見於《秦風・無衣》，似春秋時代，始有此器。古今考戟制者不一家，而皆不能與其用吻合。程瑤田治氏為《戈戟考》云：「戈戟並有內有胡有援，二者之體大略同矣，其不同者，戟獨有刺耳。是故《說文》曰：『戈，平頭戟也』，然則戟為戈之不平頭者矣。又曰：『戟，有枝兵也。』然則戈為戟之無枝者矣。《說文》言枝，《考工記》言刺，枝刺一物也。」

又云：「古戈所見不下廿餘事，而戟不應不一見，乃取所嘗見諸戈之拓本觀之，見內末有刃者數事中，其援更昂於他戈者，恍然曰：『是乃所謂戟也，刺非別為一物，內末之刃即刺也。』」

程氏言戟有刺而戈無之，其辨是矣；惟以內末之刃為戟之刺，則未審也。頃見孫海波新出《河南吉金圖志剩稿》，其戰鑒圖中之戟，柲頭安矛，矛下安戈，因知矛戈兩合，古稱曰戟，出土遺物，戟不一見者，柲朽以後，二物分離故也。

此鑒河南輝縣出土，為戰國時器，藏河南古物保管委員會，頸腹及下腹兩處，滿飾戰跡圖，中有持戟做刺殺狀者，其刺與《考工記》無異，柲身旁出四枝，與《說文》所云枝兵相合，程氏以枝刺為一物實非，所謂刺者，乃柲端之矛耳。宋聶崇義《三禮圖》之戟，三鋒直上似叉，非漢以前古制，今以戟刀稱戟，則又非宋人之舊矣。

刀

《陣記》

卷二技用第九篇言刀。

《耕餘剩技》六卷

刀之類不一，專書論其藝者惟單刀，而多推尊倭法，《耕餘剩技》中之單刀法選，即其一也。

考東土斯技，受我影響者，厥證有三：史載魏明帝景初二年，賜倭女王卑彌呼刀鏡，今東土之刀，不獨形制似漢，即其演習之法，與魏文

帝所云相類，此有我國出土漢刀及子桓《典論》可證。倭法與朝鮮劍相同，朝鮮之劍，得自中國，日本之刀，一稱曰劍，間接傳往，跡象甚顯，此有《武備志》及日本圖譜可證。日本刀劍古書，其理論每摭中國舊籍，此有其出版之《武藝叢書》可證。惟當明代倭寇入犯之時，我於斯器斯技，因退化而相形見絀，彼遂以此名世耳。

程宗猷書中述其制度用法云：「器名單刀，以雙手用一刀也，其技擅自倭奴。鍛鍊精堅，制度輕利，靶鞘等物，個個如法，非他方之刀可並，且善磨整，光耀奪目，令人寒心。其用法，左右跳躍，奇詐詭秘，人莫能測，故長技每每常敗於刀。余故訪求其法，有浙師劉雲峰者，得倭之真傳，不吝授余，頗盡壼奧，時南北皆聞亳州郭五刀名，後親訪之，然較之劉，則劉之妙又勝於郭多矣。恨元受劉刀，有勢有法而無名，今依勢取像，擬其名，使習者易於記憶。」

《武備志》

第八十六卷有日本隱流刀法六勢，後附戚繼光刀法十六勢。

茅元儀曰：「《武經總要》所載刀凡八種，而小異者猶不列焉，其習法皆不傳。今所習惟長刀腰刀，腰刀非團牌不用，故載於牌中。長刀則倭奴所習，世宗時進犯東南，故始得之。戚少保於辛酉陣上，得其習法，又從而演之，並載於後，此法未傳。」

查十六勢前為日本刀譜，即戚少保辛酉陣上所得也。十六勢，則戚氏從而演之之法，皆有圖無訣，故元儀謂其法未傳。

《手臂錄》四卷附錄二卷

卷三有《單刀圖說》一卷。其自序云：「唐有陌刀，戰陣稱猛，其

法不傳，今倭國單刀，中華間有得其法者，而終不及倭人之精。每見單刀高手，平日侈言破槍，及至赴敵，莫不驚槍而往，則其實用可知矣。蓋短器降長，惟碓鬥擁塞，槍至於不能出後手，乃為短器所困，行列稍疏，短無破長之理。遊場槍之受破者，唯一單殺手，至於閃賺顛提，則槍猶畏之如虎，況單刀乎？

程沖斗刀法，唯破單殺手，其疏可知。余法不然，單刀敵輕長之器，則避其虛而擊其實，何也？槍之虛處，變幻百出，必非刀所能禦，而實處唯有一桿，苟能制之，則無以用其虛矣。

單刀敵短重之器，則避其實而擊其虛，何也？大棒、鐵鞭、長斧、木鑞，不可直當，必斜步偏身，避其重器，擊其身手，乃可必勝。擊虛之刀易見，擊實之法則在斫其槍桿，槍桿被斫，不斷折必黏住，桿被黏住，則不能閃賺顛提，刀更進步，必傷人矣。削亦黏槍，而勢力不如

斫，大進步又拙，是以次之。句革皆用，槍得滑去，百變生焉。

余選刀法十八勢：從下斫上，則有左右撩刀二勢。從上斫下，則有朝天、斜提二勢。削槍則有左右定膝勢。出入於六勢之間，而可上可下，可左可右，可斫可削。可進可退，則有二拗步勢。實用止此八法，餘十餘勢，不過小變其形，以眩人耳。

斫削黏桿，余本得之漁陽老人之劍術，單刀未有言者，移之為刀，實自余始，安得良倭一親炙之。」

按：倭法破長技，以跳躍為能事，乘勢飛入，使槍成棄物，較黏桿為勝多多，故戚繼光破倭，用牌筅居首者，使倭無所用其長耳。

《十三刀法》一卷

明遺民王餘佑撰。據趙衡《形意拳學》序，舊為寫本，民四以前，

北平始有梓而行者。民國二十年，上海蟫隱盧亦取舊鈔本付諸石印，易名曰《太極連環刀法》，其中誘敵三式，末式殘缺，不知北平所刊，是全豹否？

《古今圖書集成》

第二百八十六卷至二百八十九卷雜載刀部文獻。

《陳氏拳械譜》一卷

兩儀堂及彙編本有單刀譜一種，三省堂本有兩種，皆不同，是陳溝單刀共有三套。

以上單刀。

《武編》

卷前五有雙刀譜一種。

《手臂錄》四卷附錄二卷

卷四有雙刀歌一首。其法係石砫瓦氏女傳天都俠少項元池。元池傳吳殳，殳得漁陽老人劍法，又變通之。瓦氏即嘉靖間與倭寇作戰之女將軍。

《陳氏拳械譜》二卷

彙編本只有單演雙刀譜一種，三省堂本則多對演譜十套。

以上雙刀。

劍

《劍道》三十八篇

姚振宗《漢書・藝文志條理》：「司馬氏在趙者，以傳劍論顯。服虔曰：『世善劍也。』師古曰：『劍論，劍術之論也。』按此三十八篇中，當有司馬氏所傳之論。」

《索隱》曰：「何法盛《晉書》及晉司馬無忌作《司馬氏系本》」，並云在趙者名凱。今司馬氏劍論與此書，皆佚而未傳，惟《莊子》、《吳越春秋》、子桓《典論》所言劍法劍理，略可窺見古之遺緒。

《武編》

卷前五有古劍訣一首，較《武備志》所載多一句，其語隱晦，故茅元儀謂不詳其說。

《陣記》

卷二技用第九篇言劍。

《武備志》

卷八十六有古劍訣一首，中國傳朝鮮劍法二十四勢。予以日本之劍，與朝鮮同者有三：一、雙手之執持同。二、格洗不走青同。三、基本諸勢同。又以中國古文化，往往由樂浪傳往日本，故斷彼邦劍道，亦

間接受我影響，其說詳拙著《中國古佚劍法》。

茅元儀敘其所得朝鮮譜曰：「古之劍，可施於戰鬥，故唐太宗有劍士千人，今其法不傳，斷簡殘篇中有歌訣，不詳其說。近有好事者，得之朝鮮，其勢法具備，固知中國失而求諸四裔，不獨西方之等韻，日本之尚書也。」

此譜二十四勢，悉以格洗擊刺四字統之，可見世法劍不見劍之說，實非盡然。民國二十年上海百新圖書公司出版之《君子劍》，即係取朝鮮勢法改編而成，察其內容，竟變異原作為套子，已失本來面目。

《手臂錄》四卷附錄二卷

卷四有劍訣兩首。

《陳氏拳械譜》二卷

彙編本有雙劍譜一種。

《古今圖書集成》

第二百八十六卷至二百八十九卷雜載劍部文獻。

《萇氏武技書》主卷

卷六有雙劍三十六勢，其中王郎砍地、犀牛望月、夜叉尋海、太阿出匣等，皆屬舞法。

《劍法眞傳》三卷

原為三卷，光緒三十四年出版，蜀西廣石山人宋仔鳳賡平氏撰。其法，仔鳳得諸兄友軒，友軒得諸吳玉生，玉生得諸山東王耀臣。劍川趙藩，統四川游擊軍，仔鳳承領偏師，即以其技教部曲。

居恒言曰：「軍中利器，今莫火器若矣。顧邂逅臨迴溪險隘，火器不得施，則短兵肉搏，能者勝焉。是非平時練膽固氣，有以奮全力於臂肘間，使弄寸鐵如轉丸，可以衛身，可以制敵，而冀倉促收擊刺之效也難矣。夫巧者不過習者之門，亦在乎上之有以教，與教之得法而已矣。」

今德國陸海軍體育中，有擊劍一目，其所以致用者，亦此旨耳。

民國元年，安吳吳廣霈以書中內功無圖，說焉不詳，人得之，無從

按法行功；又劍舞子冊七，次十三，繼二十四，圖形粗具，次第不明，說解亦多欠醒豁，爰與潛川吳學廉增修圖說，改為二卷，重刊問世。

予觀此書，其中仰撩、下掃，皆非善法，蓋習劍不用護具，往往流於虛套，與真際相違，此可為知者道，難為不知者言也。民國九年，上海大東書局，易名為《劍法圖說》，付諸石印。

按：廣霈未改編此書前，嘗筆記仔鳳撩摸八法進退攻守等形勢，為《飛鳳劍法》一書，後佚失。

斧

《古今圖書集成》

第二百九十卷載斧鉞部文獻，其匯考援引之典籍，以《詩》、《書》為最古，《詩》、《書》以前，文獻即無徵。

按：斧為新石器時代之利器，安特生在河南甘肅等處掘得之石斧，其考古編年，為新石器末期，距今約五千年左右。

干盾

《牌論》

明松江府同知羅拱辰於嘉靖倭患時作，胡宗憲《籌海圖編》，唐順之《荊川武編》皆載之。

《武編》

卷前五有牌訣一篇，即《紀效新書》所載之試牌跳牌舊法也。

按：《書》稱牌曰干，《詩》稱牌曰盾；殷父辛爵，有挽盾執戈之

文，周獵壺，有持盾揮劍之圖，其來甚古。此器主衛而不主殺，利於前驅，然必佐以長短之器，為之應援，而後進退左右，可以無所不利，故戚繼光稱其眾可合而不可離。

今戰車之用，護以轟炸之機，隨以攻殺之卒，其制不同，其揆則一。惟戰車遇田塍泥濘之區，羊腸崎嶇之道，游擊機動之戰，即不能如干盾之可盡其前驅之能事，此戚氏之能平倭於古，德國之能逞志於今，中國之抗戰所以不同於歐陸也。拈而出之，以為讀其書者告。

《紀效新書》

卷十一有《藤牌腰刀總說》一篇，其說曰：「千古有圓長二色，其來尚矣。主衛而不主刺，矢石槍刀皆可蔽，所以代甲冑之用。在南方田塍泥雨中，頗稱極便。用牌之間，復有所謂標者，所以奪人之目，而為

我之疑兵，所賴以勝人者也。牌無標，能禦而不能殺，將欲進步，然後起標，勿輕發以敗其事，腰刀用於發標之後以殺敵，非長利輕泛，則不能接遠。以此置於行伍之先，為眾人之藩蔽，衛以長短之器，為彼之應援，以此臨敵，其眾可合而不可離，可用而不可疲，進退左右，無所不利，此藤牌之功用也。」

其圖勢八，《武備志》卷八十七轉載之。

《陣記》

卷二有《藤牌》一篇。

《手臂錄》四卷附錄二卷

卷四有《藤牌腰刀說》一篇，其說曰：「槍叉長兵，雖失其精緻，

而渣滓猶有可用，刀牌器短，精微既失，即同赤手矣。琴瑟箜篌，若無妙指，不發妙音，用兵者勿以戚公之歎美刀牌，而輕用之也。」

按：繼光之用刀牌，必衛以長短之器，為之應援，故言其眾可合而不可離，此正妙指發妙音也。吳殳戒勿輕用，似猶未知戚氏五兵配合之妙。

《古今圖書集成》

第二百六十八卷載幹盾部文獻。

狼筅

《紀效新書》

卷十一有《狼筅總說》一篇並圖勢六，《武備志》卷八十七轉載之。

按：槍為軍中利器，百短兵可敵。惟短兵一入槍身，即同棄物。程宗猷《單刀法選》，謂倭之用刀，其法左右跳躍，奇詐詭秘，人莫能測，故長技每每敗於刀。

戚繼光創鴛鴦陣破倭，用狼筅遮蔽於前，以阻其跳躍之利，以長槍

夾筅左右，以盡其刺殺之用，於是形體重滯，轉移艱難之物，遂為當時軍中利器。

《陣記》

卷二有筅一篇。

《手臂錄》四卷附錄二卷

卷四有《狼筅說》一篇。

钂鈀

《武備志》

第八十七卷有钂鈀圖勢七，圖前諸說，出《紀效新書》劍經，圖則《武備志》所獨有也。

按：《劍經》為俞大猷撰，故茅元儀曰：「钂鈀與棍法，皆出俞大將軍猷《劍經》，載《紀效新書》者分析明著，故採之。」

據《紀效新書》云：此器有倭時始用，為軍中最利者。今雖已廢，苟能用於白刃，其利有四：一、可擊可禦，兼矛盾兩用，能制步兵之槍

刺，騎兵之長刀。二、上可叉人，下可叉馬。三、伸縮自如，長短咸宜。四、方法簡易，旦夕可學。綜此四利，其效較大刀為勝，惟攜帶微有不便耳。

《手臂錄》四卷附錄二卷

卷四有叉說一篇。

按：《正氣堂集》，稱鏜鈀曰虎叉，此簡稱曰叉。《紀效新書》、《劍經》，有钂鈀習法，而無钂鈀圖勢，此書誤以《武備志》七勢出《紀效新書》，故說中有「紀效七勢」之語。

器制

《利器圖考》

明何良臣撰。據萬曆己丑黃道月《陣記》後序，此書似未付梓。《陣記》卷二技用注云：「以下器具矩式、制法、用法，別載利器圖考。」則其書內容，可由技用十五篇推見。

《武備志》

卷一百零二至一百零五，載弓、矢、弩、刀、槍、棍、牌、劍、

鞭、簡、蒺藜、蒜頭、鐵鍊夾棒、飛撾、飛鉤、飛錘、鎲鈀傷杷、扒、鎲、斧、鏟、狼筅、盔甲諸器制。

《古今圖書集成》

第二百六十五卷、第二百六十六卷為器械部。第二百七十二卷、第二百七十三卷、第二百七十四卷為弓矢部。第三百卷為雜器械部。

《武備圖》

《八史經籍志》本《明史・藝文志》著錄。

《軍器圖說》

見《禁書總目》，畢懋原著。

《工部軍器則例》二十四卷（《清史・藝文志》一部二十四卷一部六十卷）

《清朝文獻通考》、《清史・藝文志》均著錄。《清朝文獻通考》著錄者二十四卷，題嘉慶二十一年董誥等奉敕撰。《清史・藝文志》著錄者：一部二十四卷，題嘉慶十九年敕撰。一部六十卷，題嘉慶十六年劉權之等奉敕撰。誥、權之生平，均略見《中國人名大辭典》。

《兵仗記》一卷

清王卓撰，其生平略見《中國人名大辭典》，書載《昭代叢書合刻》甲集。

以上諸器。

《武編》

卷前五，輯程大昌、仲長統《昌言》、《北征錄》諸說為甲一篇。

以上甲。

《望遠連弩射法具》十五篇

《漢書・藝文志》著錄，不題撰人，其書已亡。顧實《漢書・藝文志講疏》，引葉德輝之說曰：「漢郭氏孝堂山畫像，獵者以弓仰地，一弓二矢，以足踏之，蓋古連弩射法之遺。」

歷來注釋連弩，最荒唐者，莫如服虔、張晏兩家之說，宋王應麟《漢書·藝文志考證》，引服虔之說曰：「三十弩共一弦」；引張晏之說曰：「三十絭共一臂」，皆無此理，故劉攽指為妄說。

《弧矢譜》一卷

錢遵王《讀書敏求記校證》、《述古堂目》、《也是園目》均著錄，不題撰人。遵王曰：「（此書）詳論弓弩箭之制，其稱蹺蹬弩，張憲伏之於中林而捉真珠郎，時俊用之於射狐關而敗四太子，殆是紹興年間經進之書也。」粵雅堂本《述古堂目》注鈔字，非刊本。玉簡齋《也是園目》無此書。

《弩考》

《千頃堂書目》著錄，明孫堪撰。按：堪字志健，餘姚人，能文，精騎射。嘉靖間，中武會試第一，善用強弩，教弩卒數千人以備邊，年七十卒，其生平詳見《明史・孫燧傳》。

《漢建安弩機考》一卷

清吳雲撰，其生平略見《中國人名大辭典》，書載兩罍軒著述，光緒間出版。

以上弓弩。

《九射格》一卷

《匯刻書目》著錄，宋歐陽修撰，其生平具見《宋史本傳》，書載《說郛正續合刊弓》一百一，《古今圖書集成》第二百七十九卷，宋志未著錄。

《益津射格》一卷

宋晁公武《郡齋讀書志》著錄，其書已亡，晁公武曰：「宋朝錢師益。序以五善圖及武陵格疏密不同，參酌為之。」

《五善圖》

見宋晁公武《郡齋讀書志》，撰人未詳，其書已亡。

《五善正鵠格》一卷

宋鄭樵《通志》著錄，不題撰人，其書已亡。

按：宋代射侯圖之稱格者，有歐陽修之九射格，疑《郡齋讀書志》著錄之《五善圖》，即此書之別稱。

《武陵格》

見宋晁公武《郡齋讀書志》，撰人未詳，其書已亡。

《射格》一卷

宋鄭樵《通志》著錄，不題撰人，其書已亡。

《古今圖書集成》

第二百七十九卷載有三禮圖射侯及九射格等。

以上射侯。

《相寶劍刀》二十卷

《漢書・藝文志》著錄，不題撰人，其書已亡。

按：中國之劍，似源出新石器末期，唯以出土情形未明，尚難斷言之耳。十年前，予在開封古董商人手，獲一磨製石劍，莖較朝鮮慶州者為長，質與貔子窩石斧無殊，附有朱色黃土，足證其為新石器末期或石銅並用時代之殉葬品。

此外，在蒙古東部發見者，其標本載鳥居龍藏《東蒙古古人種考》；在朝鮮慶州發見者，其標本載濱田《青陵東亞文明之黎明》。鳥居書余未獲睹，安特生《甘肅考古記》論之曰：「日人鳥居龍藏氏，於南滿及東蒙所發見之器物，內中不乏新石器時代之真品，但大半則屬仰韶期無疑。其中陶器，類多小件，而說明及復簡短，故實難與他

處所得者互相印證。」

濱田書中國已有兩種譯本，皆與原書無所出入，其出土情形與可資參考之他器，俱無說明，故亦無從印證。石劍之實用者，木質嵌以石刃，否則薄長易折，只為儀飾或指揮所用，洎夫後世，質易以銅，始成利器，戰國時代，詳其制者有《考工記》。此書卷帙多至二十卷，殆集舊說以成者。

《相寶劍經》二卷

姚振宗《漢書・藝文志條理》，謂《七錄》載《相寶劍經》二卷。

按：《七錄》為梁處士阮孝緒博採宋齊以來王公家書記，參較官簿所成。

《古今刀劍錄》一卷

《宋史・藝文志》著錄，題陶弘景，其生平具見《梁書本傳》。

《四庫提要》曰：「關、張、諸葛亮、黃忠皆蜀將，不應附入吳將中，疑傳寫誤佚蜀將刀標題三字。又董卓、袁紹，不應附魏，亦不應在鄧艾、郭淮之間，均為顛舛。至宏景生於宋代，齊高帝作相時，已引為諸王侍讀，而書乃稱順帝準為楊玉所弒，不應以身歷之事，謬誤至此。且宏景先武帝卒，而帝王刀劍一條，乃預著武帝謚號，並直斥其名，尤乖事理，疑其書已為後人所竄亂，非盡宏景本文。然考唐李綽《尚書故實》，引《古今刀劍錄》云：『自古好刀劍，多投伊水中，以禳膝人之妖，』與此本所記漢章帝鑄劍一條，雖文字小有同異，而大略相合，則其來已久，不盡出後人贗造，抑或張華《博物志》之流，真偽參半

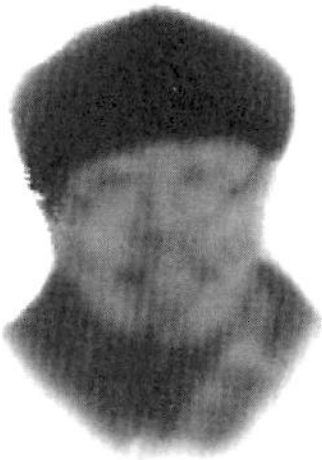

也。」其書載《百川學海》、《說郛》、漢魏叢書、《古今圖書集成》等書。

《銅劍贊》一卷

《宋史・藝文志》著錄，梁江淹撰，其生平具見《梁書本傳》，書載秘冊匯函，明鐵器以前之劍為銅鑄。

《名劍記》一卷

明李承勳撰，其書載《說郛正續合刊續》卷三十六、《古今圖書集成》第二百八十六卷。

承勳字立卿，嘉魚人。正德間邊備久弛，開原尤甚，士馬才十二，牆堡墩台圮殆盡，將士依城塹自守，城外數百里悉為諸部射獵地，承勳

巡撫遼東，疏請修築。會世宗立，發帑銀四十餘萬兩，承勳命步將四人，各一軍守要害，身負畚鍤先士卒，凡為城塹各九萬一千四百餘丈，墩堡百八十有一，招逋逃，開屯田，而邊防固。嘉靖十年卒。

《劍記》二卷

《四庫全書存目》著錄，明郭子章撰，其生平略見《中國人名大辭典》，書載《寶顏堂秘笈廣集》。

書首有說云：「古有刀劍錄，載古今名劍，未免脫漏，隙取其未備者，合為上下篇。上篇皆據劍之實者紀之，下篇皆紀其寓言，如莊生所謂天下劍諸侯劍是也。」此書上篇，子章自云據劍之實者記之，然大抵摭拾荒唐，未足為典要。

以上刀劍。

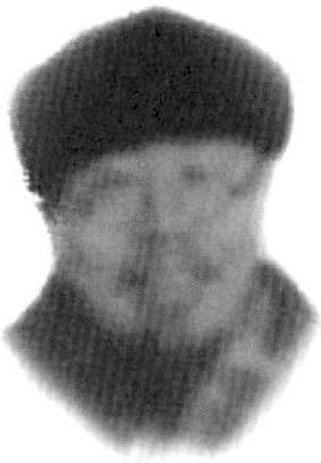

儀節

《尤射》一卷

魏繆襲撰，其生平具見《三國志・魏書本傳》，書載《說郛正續合刊》卷一百一、《古今圖書集成》第二百七十九卷。

《雜鄉射等議》三卷

《八史經籍志本隋志》著錄，晉庾亮撰，其書已亡。丁辰補《晉書・藝文志》注曰：「按《七錄》、《通典》，晉咸康五年征西庾良，

行鄉射之禮，依古周制親執其事，是書當成於彼時。」

按：亮生於太康十年，卒於咸康六年，其生平具見《晉書本傳》。

《射禮集解》一卷

《明史・藝文志》著錄，題朱縉。

《射禮集要》一卷

《明史・藝文志》著錄，題陳鳳梧，其生平略見《中國人名大辭典》。

《飲射圖解》一卷

《明史・藝文志》著錄，題聞人銓，其生平略見《中國人名大辭

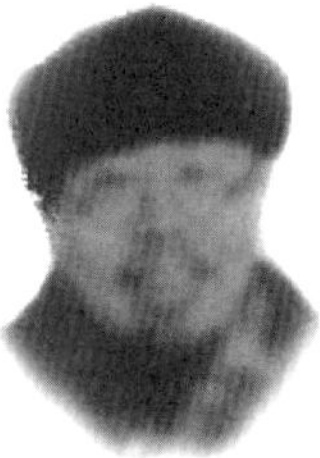

典》。

《鄉射禮圖注》一卷

《明史・藝文志》著錄，題王廷相，其生平具見《明史本傳》。

《射禮儀注》一卷

《明史・藝文志》著錄，為萬曆間制式，不題撰人。

《射禮集》

明《李蒲汀藏書目》著錄，不題撰人。

《射禮儀注易覽》（《續通志圖譜》略儀作圖）一卷

明《李蒲汀藏書目》、朱睦㮮《萬卷堂書目》均著錄，《蒲汀書目》不題撰人，《萬卷堂書目》題林文奎。

《燕射禮儀》

明湛若水撰，其生平具見《明史本傳》，書載《再續百川學海》。

《射禮》一卷

《世善堂書目》著錄，明人撰。

《鄉射直節》一卷

明何景明撰，其生平具見《明史本傳》，書載《說郛正續合刊續》卷三十六、《古今圖書集成》第二百八十卷。

《鄉射約》

明周孔教重刻，□歸德著。

周序云：「易曰：『弧矢之利，以威天下』，固以為射者，武事之尤大，而威天下守國家之具也。故古者教士，以射御為急，其他技能，則視其人才之所宜，而後教之，其才之所不能，則不強也。至於射，則為男子之事人之生，有疾則已，苟無疾，未有去射而不學者也。有賓客之事，則以射；有祭祀之事則以射；別士之行同能偶則以射；於禮樂之

事，未嘗不寓以射，而射亦未嘗不在於禮樂祭祀之間也。居則以是習禮樂，出則以是從戰伐，士既朝夕從事於此，而能者眾，則邊疆宿衛之任，皆可擇而取也。自儒者以文學名為儒，故用武者遂以不文名為武，而文武從此分矣。

或曰：自文武之途分，而千萬世之儒，皆為婦人，此其言不無過激，而要之平居所學非所用，異日所用非所學，而疆場宿衛之任，不得不推之於二三武夫，甚至武夫且不好武，思以文自見，一旦聞鼓鼙而思將帥之臣，踉蹌四顧，往往乏人，大可歎也。今天下承平日久，人不知兵，狼虎窺藩，燕雀處堂，異日有急，其不能以鄉飲酒之禮，應干戈之衝明甚，乃所重在彼，所輕在此，此天下鰓鰓然抱疆場之憂，而有一日之虞也。嗟夫！虞允文一書生耳，採石之捷，史稱允文慷慨多大略，善騎射，乃知其所習者豫也。然則歸德公斯約也，憂深者其有綢繆未雨之

思乎？此固老成之先憂，蓋臣之用心也，余故梓而廣之，使天下之鄉，皆如歸德之鄉，則處處皆勝兵，此固寓兵於農之意，亦古人折衝樽且意也。」

歸德之書今不傳，孔教之序尚存，載《古今圖書集成》二百八十一射部藝文一，言教戰必豫，然後國可圖存。

《古今圖書集成》

第二百七十六卷、二百七十七卷，載儀禮鄉射禮。二百七十八卷，載儀禮大射儀。二百七十九卷，載繆襲尤射，何景明鄉射直節。

選舉

《歷代武舉考》一卷

《清史・藝文志》著錄，譚吉聰撰，其生平略見《中國人名大辭典》，書載《學海類編》。

《武場條例》八卷

滿清武科，多襲前明規制，此書於各條後，附康熙至光緒例案，足備一代典章，《清史・藝文志》不著是書，甚異。

中華民國二十九年七月七日印刷
中華民國二十九年九月十八日發行

定價八角

中國武藝圖籍考

輯者 唐豪
發行者 上海市國術協進會
印刷者 現代印書館
代售處 本外埠各書局

養生保健　古今養生保健法　強身健體增加身體免疫力

- 醫療養生氣功　定價250元
- 中國氣功圖譜　定價250元
- 少林醫療氣功精粹　定價250元
- 龍形實用氣功　定價220元
- 魚戲增視強身氣功　定價220元
- 道家玄牝氣功　定價200元
- 仙家秘傳袪病功　定價160元
- 少林十大健身功　定價180元
- 中國自控氣功　定價250元
- 醫療防癌氣功　定價250元
- 醫療強身氣功　定價250元
- 醫療點穴氣功　定價250元
- 中國八卦如意功　定價180元
- 正宗馬禮堂養氣功　定價420元
- 道家筋經內丹功　定價300元
- 三元開慧功　定價250元
- 防癌治癌新氣功　定價180元
- 禪定與佛家氣功修煉　定價200元
- 顛倒之術　定價360元
- 簡明氣功辭典　定價360元
- 八卦三合功　定價230元
- 朱砂掌健身養生功　定價250元
- 抗老功　定價230元
- 意氣按穴排濁自療法　定價250元
- 健身祛病小功法　定價200元
- 張氏太極混元功　定價250元
- 中國少林禪密功　定價200元
- 郭林新氣功　定價400元
- 定價280元
- 現代原始氣功　定價400元
- 開脈太極　定價300元
- 通靈功　定價300元
- 太極內功養生法　定價180元
- 無極養生氣功　定價200元
- 小周天健康法　定價200元
- 易筋經　定價350元
- 洗髓經　定價400元
- 精功易筋經　定價200元
- 定價280元
- 定價200元
- 武當道教養生導引術　定價180元
- 武當道教養生長壽功　定價200元
- 太極拳內功養生心法　定價280元
- 意拳　定價280元
- 靜坐要訣　定價200元

健康加油站

糖尿病預防與治療
定價200元
胃部
定價180元
不孕症治療
定價200元
簡易醫學急救法
定價200元
肥胖健康診療
定價200元
高血壓健康診療
定價200元
高血糖值健康診療
定價200元
尿酸值健康診療
定價200元
膽固醇中性脂肪健康診療
定價200元
痛風劇痛消除法
定價180元
手腳病理按摩
定價180元
B型肝炎預防與治療
定價180元
吃得更漂亮健康
定價180元
茶使您更健康
定價180元
圖解常見疾病運動療法
定價180元
簡易萬病自療保健
定價220元
王朝秘藥媚酒
定價180元
立見實效保健操
定價180元
越吃越性福
定價200元
荷爾蒙與健康
定價180元
自我保健鍛鍊
定價180元
斷食促進健康
定價180元
蔬菜健康法
Vegetable
定價200元
水果健康法
Fruit
定價200元
越吃越苗條
定價200元
全方位健康藥草
定價200元
人體記憶地圖
定價350元
提升免疫力戰勝癌症
CANCER
定價280元
腎臟病預防與治療
定價230元
怎樣配吃最健康
Eat & Health
定價200元
心臟病腦中風
科學養生細節
定價350元
由人相診斷健康
定價180元
青春期智慧
定價200元
前列腺(攝護腺)健康診療
定價200元
下半身鍛鍊法
定價180元

健康加油站

定價180元

定價200元

定價200元

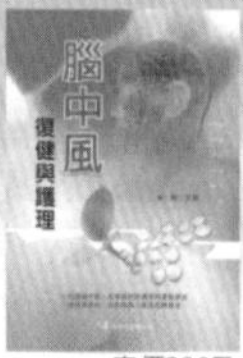

定價220元

定價200元

武術武道技術

定價230元

定價500元

定價330元

定價280元

定價280元

定價220元

定價220元

截拳道入門

定價230元

定價230元

定價230元

定價230元

定價230元

定價230元

體育教材

定價550元

定價400元

定價400元

定價280元

定價450元

定價380元

定價300元

定價350元

定價350元

運動精進叢書

定價200元

定價180元

定價180元

定價180元

定價220元

定價220元

定價230元

定價230元

定價230元

定價220元

定價230元

定價220元

定價220元

定價300元

定價280元

定價330元

定價230元

定價300元

定價230元

定價280元

定價350元

定價280元

定價280元

定價250元

定價220元

快樂健美站

定價280元

定價280元

定價280元

定價220元

定價280元

定價280元

定價280元

定價280元

定價280元

定價280元

定價280元

定價280元

定價240元

定價240元

定價200元

定價180元

定價280元

定價280元

定價180元

定價200元

定價280元

定價280元

定價280元

定價250元

定價350元

定價350元

休閒保健叢書

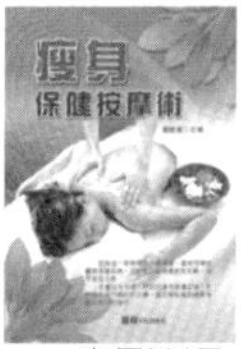

定價200元

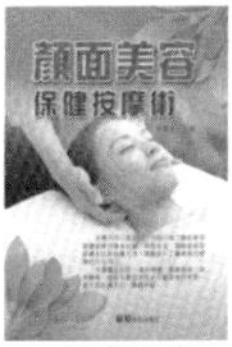

定價200元

定價200元

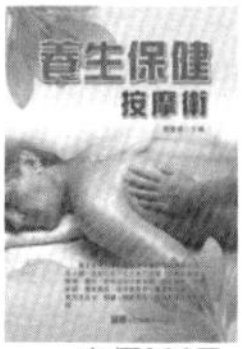

定價280元

定價180元

定價230元

定價350元

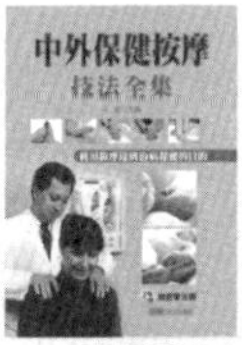

定價550元

定價300元

定價550元

定價350元

定價220元

定價500元

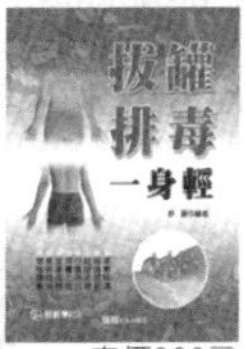

定價330元

定價350元

定價350元

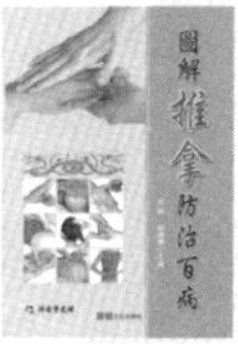

定價350元

定價330元

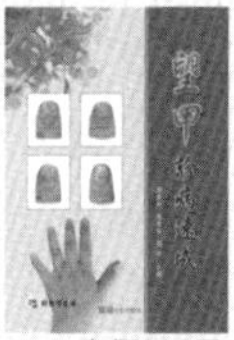

定價300元

定價250元

定價230元

定價230元

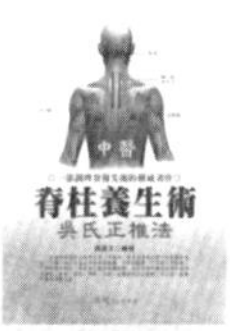

定價230元

定價330元

定價300元

定價300元

定價280元

定價280元

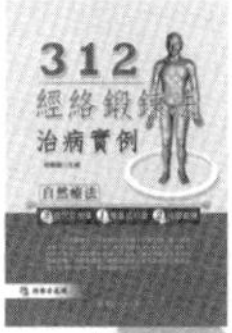

定價250元

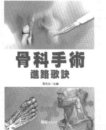

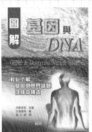

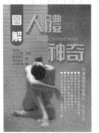

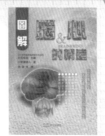

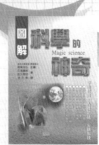

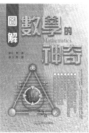

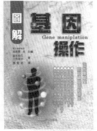

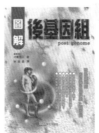

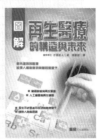

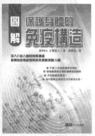

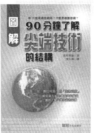

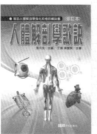

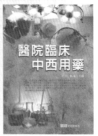

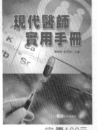

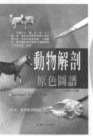

老拳譜新編

吳鑒泉氏的太極拳

太極拳全書

拳經

新太極拳書

新太極劍書
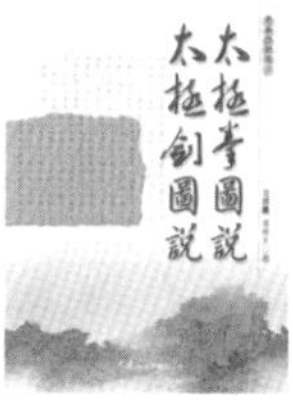
太極拳圖說
太極劍圖說

增演易筋洗髓內功圖說
（合訂本）

陳氏太極拳圖說

太極拳勢圖解

太極拳術的理論與實際

太極正宗

太極蘊真

張三丰內功煉丹秘訣

築功真傳秘抄

武學釋典

顧留馨太極拳研究
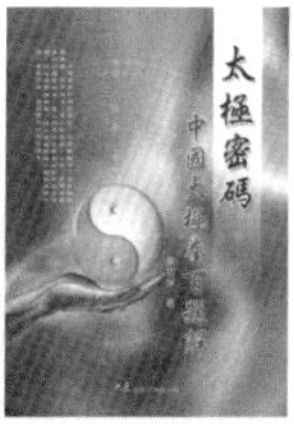
太極密碼

太極拳今論
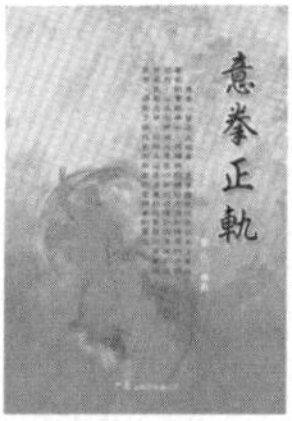
意拳正軌
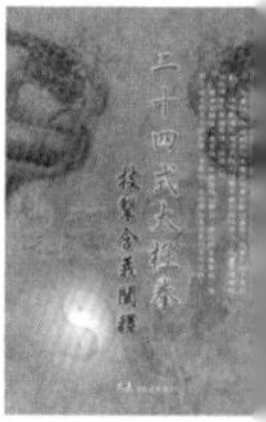
二十四式太極拳
技擊含義闡釋

汪永泉
授楊式太極拳語錄及拳照

太極拳的力學原理

太極拳理論之源
《易經》通俗解

太極拳理傳真

太極拳術功心解詳解

內家拳武術探微

太極武術教學光碟

太極功夫扇
五十二式太極扇
演示：李德印 等
(2VCD)中國

夕陽美太極功夫扇
五十六式太極扇
演示：李德印 等
(2VCD)中國

陳氏太極拳及其技擊法
演示：馬虹(10VCD)中國
陳氏太極拳勁道釋秘
拆拳講勁
演示：馬虹(8DVD)中國
推手技巧及功力訓練
演示：馬虹(4VCD)中國

陳氏太極拳新架一路
演示：陳正雷(1DVD)中國
陳氏太極拳新架二路
演示：陳正雷(1DVD)中國
陳氏太極拳老架一路
演示：陳正雷(1DVD)中國
陳氏太極拳老架二路
演示：陳正雷(1DVD)中國
陳氏太極推手
演示：陳正雷(1DVD)中國
陳氏太極單刀・雙刀
演示：陳正雷(1DVD)中國

郭林新氣功
(8DVD)中國

本公司還有其他武術光碟
歡迎來電詢問或至網站查詢
電話：02-28236031
網址：www.dah-jaan.com.tw

原版教學光碟

歡迎至本公司購買書籍

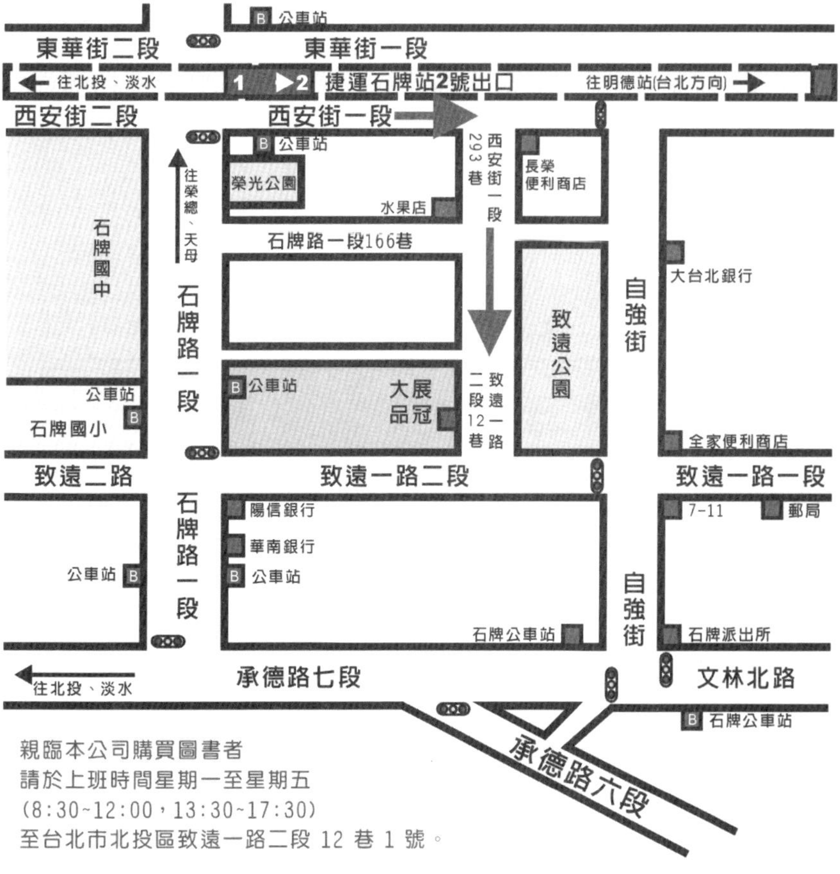

親臨本公司購買圖書者
請於上班時間星期一至星期五
(8:30~12:00，13:30~17:30)
至台北市北投區致遠一路二段 12 巷 1 號。

建議路線

1.搭乘捷運．公車

淡水線石牌站下車，由石牌捷運站2號出口出站(出站後靠右邊)，沿著捷運高架往台北方向走(往明德站方向)，其街名為西安街，約走100公尺(勿超過紅綠燈)，由西安街一段293巷進來(巷口有一公車站牌，站名為自強街口)，本公司位於致遠公園對面。搭公車者請於石牌站(石牌派出所)下車，走進自強街，遇致遠路口左轉，右手邊第一條巷子即為本社位置。

2.自行開車或騎車

由承德路接石牌路，看到陽信銀行右轉，此條即為致遠一路二段，在遇到自強街(紅綠燈)前的巷子(致遠公園)左轉，即可看到本公司招牌。

國家圖書館出版品預行編目資料

中國武藝圖籍考 ／ 唐豪 著
——初版，——臺北市，大展，2013〔民102.05〕
面；21公分 ——（唐豪文叢；1）
ISBN 978-957-468-948-4（平裝）
1.武術 2.中國
528.97 102004255

中國武藝圖籍考

著 者／唐 豪
責任編輯／王 躍 平
發 行 人／蔡 森 明
出 版 者／大展出版社有限公司
社 址／台北市北投區（石牌）致遠一路2段12巷1號
電 話／（02）28236031・28236033・28233123
傳 真／（02）28272069
郵政劃撥／01669551
網 址／www.dah-jaan.com.tw
E-mail／service@dah-jaan.com.tw
登 記 證／局版臺業字第2171號
承 印 者／傳興印刷有限公司
裝 訂／建鑫裝訂有限公司
排 版 者／弘益電腦排版有限公司
授 權 者／山西科學技術出版社
初版1刷／2013年（民102年）5月

定 價／220元

大展好書　好書大展
品嘗好書　冠群可期

大展好書　好書大展
品嘗好書　冠群可期